Math in Focus®

Singapore Math®
by Marshall Cavendish
en español

Práctica adicional y tarea

Consultor del programa
Dr. Fong Ho Kheong

Autores
Chelvi Ramakrishnan
Michelle Choo

Grado
1A

Marshall Cavendish Education

Distribuidor en Estados Unidos
Houghton Mifflin Harcourt.
The Learning Company™

Published by Marshall Cavendish Education
Times Centre, 1 New Industrial Road, Singapore 536196
Customer Service Hotline: (65) 6213 9688
US Office Tel: (1-914) 332 8888 | Fax: (1-914) 332 8882
E-mail: cs@mceducation.com
Website: www.mceducation.com

Distributed by
Houghton Mifflin Harcourt
125 High Street
Boston, MA 02110
Tel: 617-351-5000
Website: www.hmhco.com/programs/math-in-focus

First published 2020

ISBN 978-0-358-30987-1

Printed in Singapore

3 4 5 6 7 8 1401 25 24 23 22 21 20
4500800912 B C D E F

Los koalas tienen un pelaje suave de color gris y un pecho de color crema.
Solo se encuentran en algunas partes de Australia.
Los koalas viven en los árboles de eucalipto y se alimentan de sus hojas.
Los koalas no son osos, son marsupiales; los marsupiales son animales que cargan a sus crías dentro de una bolsa.

Contenido

Prefacio

Math in Focus® ***Práctica adicional y tarea*** fue escrito para usar con **Math in Focus®** ***Libro del estudiante*** y reforzar tu aprendizaje.

El libro ofrece actividades y problemas preparados para seguir de cerca lo que aprendiste en el Libro del estudiante.

- En **Actividades**, practicas lo que aprendiste en el Libro del estudiante, para que domines los conceptos y refuerces tu confianza.
- En **DIARIO DE MATEMÁTICAS**, comunicas tus razonamientos como ayuda para que reflexiones en tu aprendizaje.
- En **¡DESAFÍA TU MENTE!**, te retas para aplicar lo que aprendiste a la resolución de problemas.

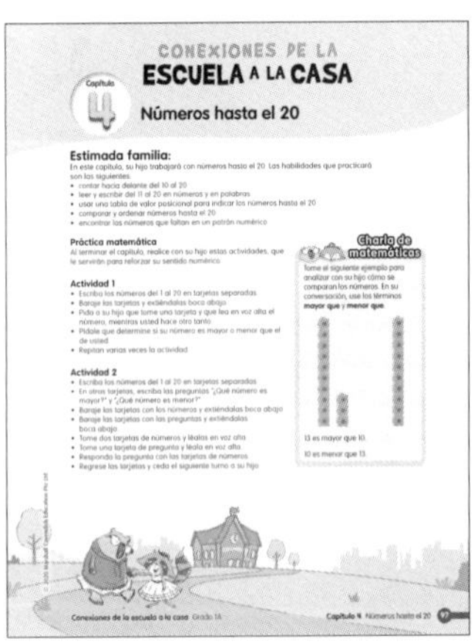

Este libro contiene también **CONEXIONES DE LA ESCUELA A LA CASA**. En cartas a la familia se resumen los objetivos de aprendizaje y el principal vocabulario matemático que estás usando. Las cartas tienen además una o más actividades que tu familia puede realizar contigo para reforzar tu aprendizaje.

8 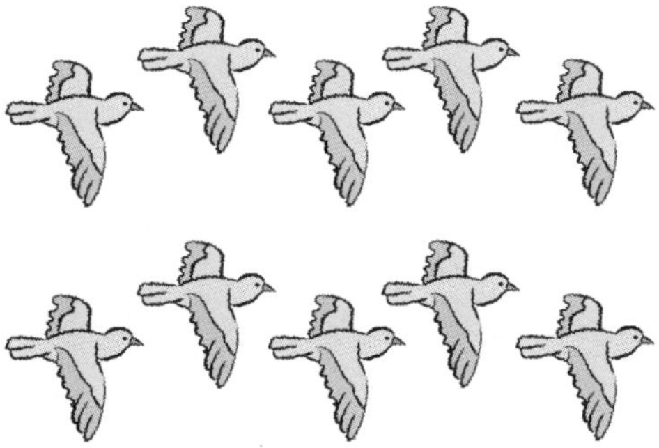

En número ____________

En palabra ____________

9 

En número ____________

En palabra ____________

10 

En número ____________

En palabra ____________

11 

En número ____________

En palabra ____________

12 

En número ____________

En palabra ____________

Cuenta.
Escribe cada número en una palabra.

13

_______________ 

_______________ 

_______________ 

_______________ 

Nombre: ____________________ Fecha: ____________

Capítulo 1

Práctica adicional y tarea
Números hasta el 10

Actividad 2 Comparar números

¿Cuál grupo tiene más?
Enciérralo en un círculo.

1

2

3

¿Cuál grupo tiene menos? Enciérralo en un círculo.

4

5

6

7

¿Cuáles grupos muestran el mismo número? Encierralos en un círculo.

8

¿Cuál número es mayor?
Escríbelo en el espacio en blanco.

9. 2 o 5 ________

10. 8 o 6 ________

11. 5 o 7 ________

12. 9 o 10 ________

¿Cuál número es menor?
Escríbelo en el espacio en blanco.

13. 1 o 9 ________

14. 5 o 8 ________

15. 7 o 4 ________

16. 6 o 3 ________

Nombre: ______________________ Fecha: ____________

Capítulo 1

Práctica adicional y tarea
Números hasta el 10

Actividad 3 Patrones numéricos

Completa cada espacio en blanco.

1. ¿Cuánto es 1 más que 9?

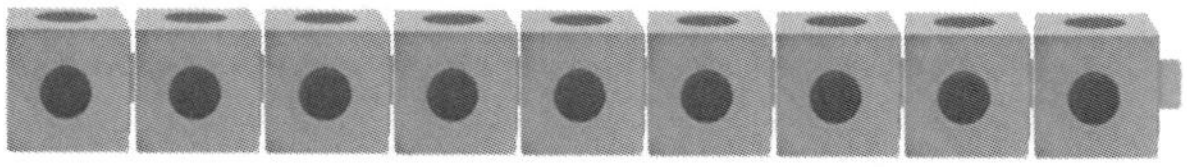

_______ es 1 más que 9.

2. ¿Cuánto es 1 menos que 5?

_______ es 1 menos que 5.

3. _______ es 1 menos que 4.

4. 1 menos que 7 es _______.

Contar hacia delante.
¿Cuál es el siguiente número en cada patrón numérico?
Completa cada espacio en blanco.

5. 2, 3, 4, 5, _______

6. 5, 6, 7, 8, 9, _______

Los  **están en un patrón.**

Escribe el número de  **que sigue.**

7

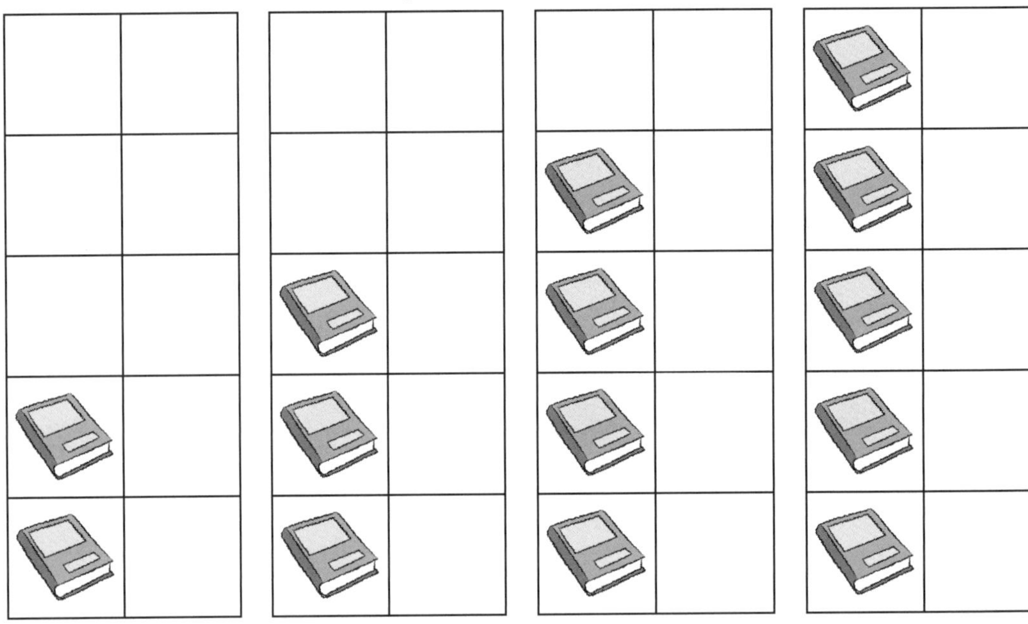

________ 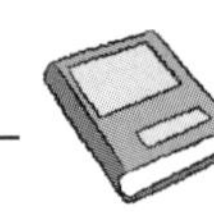

Las 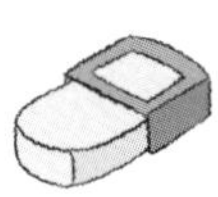 **están en un patrón.**

Escribe el número de 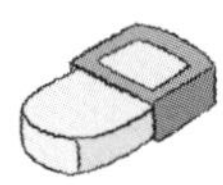 **que sigue.**

8

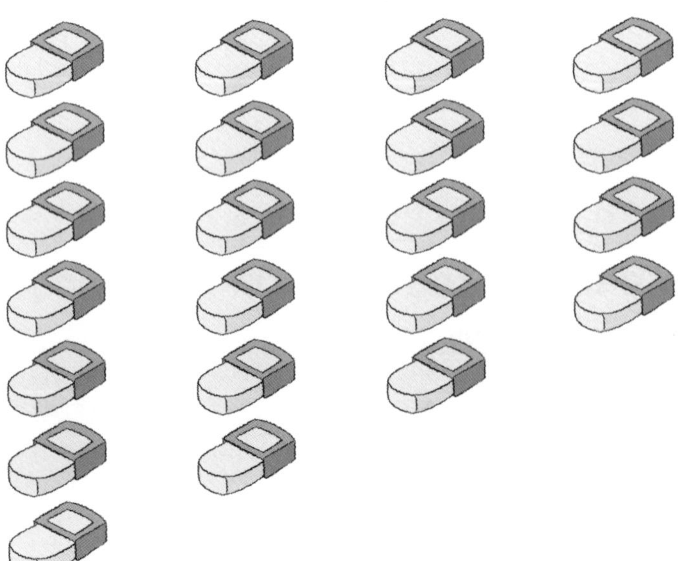

________ 

Las 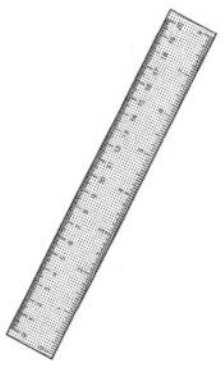 están en un patrón.

Encierra en un círculo el número de 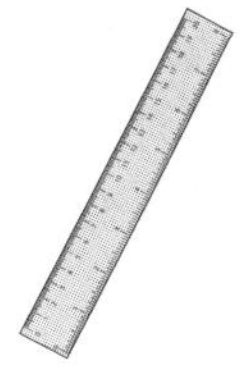 que sigue.

9

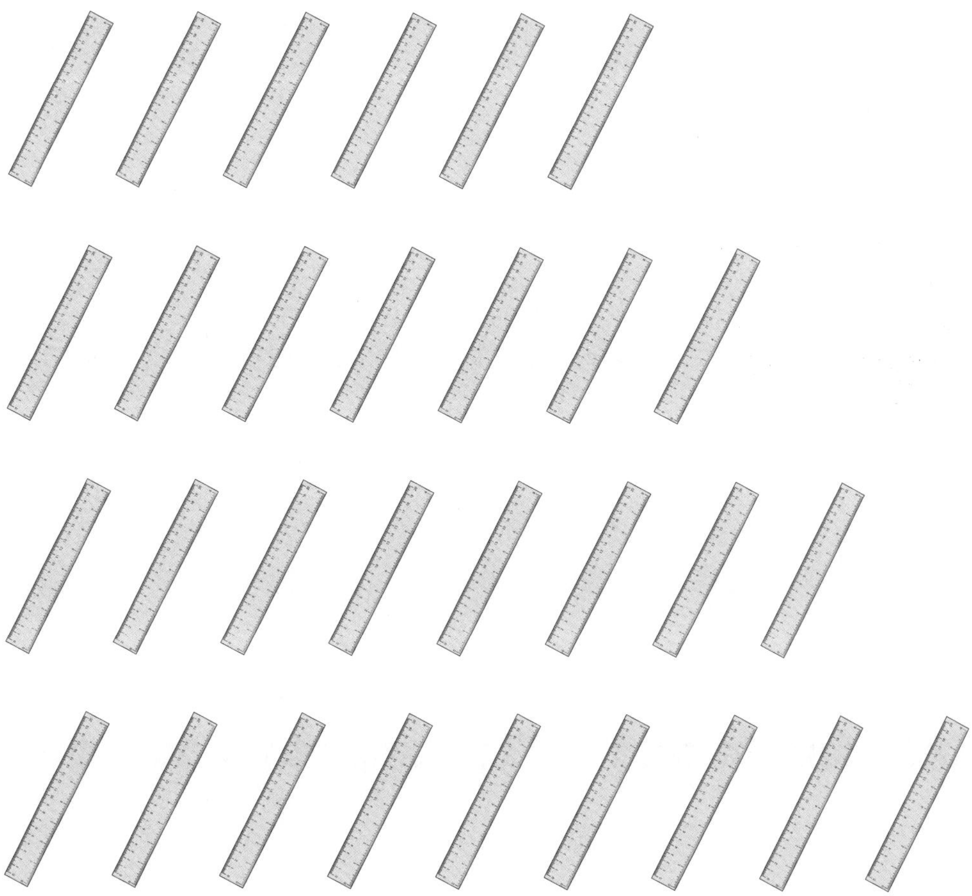

?

8 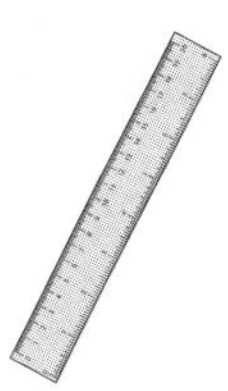	9 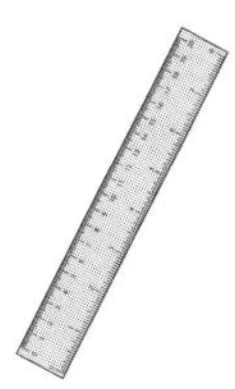	10 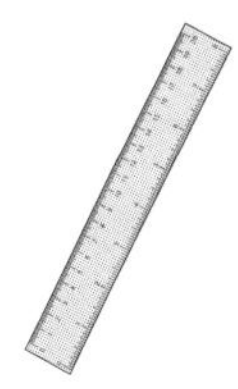

Escribe el número que falta en cada patrón numérico.

10
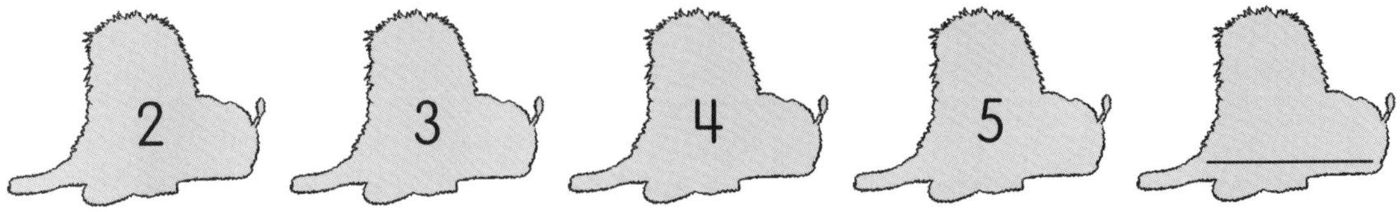

11

12

13

Cuenta hacia delante del 1 al 10 y completa cada espacio en blanco.

14

Nombre: ________________________ Fecha: ____________

Hábito para matemáticas 3 Elaborar argumentos viables

Observa los números dados.

0 2 3 5 9

¿Hay un patrón?
¿Por qué?
Escribe o dibuja para explicar el porqué.

1 Hábito para matemáticas 2 **Usar el razonamiento matemático**

Daniel está escondido detrás de un árbol.
¿Detrás de cuál árbol está escondido?
Lee las pistas para hallarlo.
Luego, completa el espacio en blanco.

Pistas:
El número en el árbol es mayor que 2.
El número en el árbol es menor que 4.

Daniel está escondido detrás del árbol con el número ______.

2 Hábito para matemáticas 8 Hallar patrones

Estas son unas fichas.

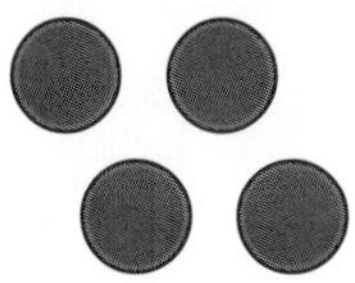

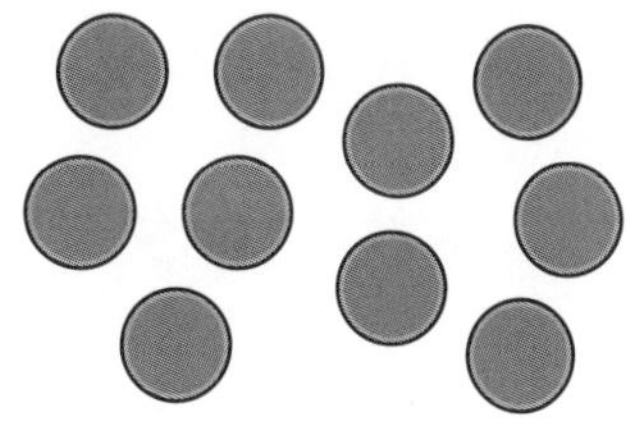

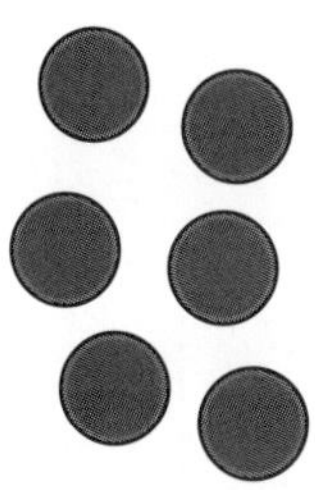

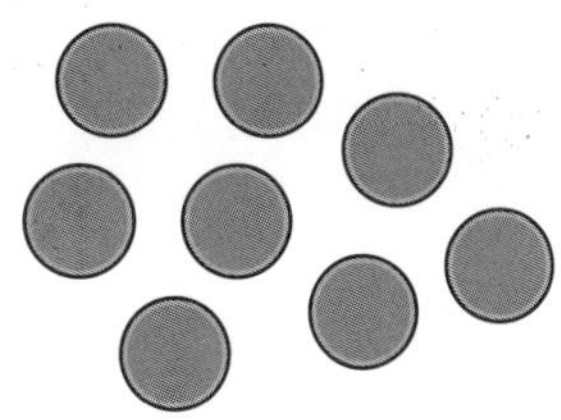

Dibújalas en la 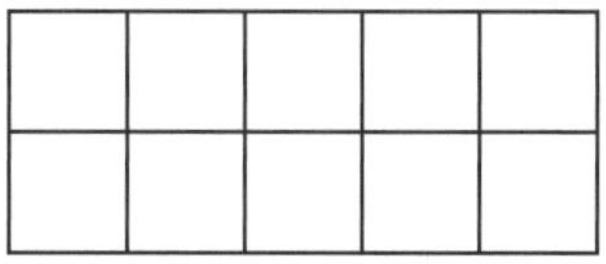 para formar un patrón numérico.

Usa la  de la página 18.

¡DESAFÍA TU MENTE!

CONEXIONES DE LA

ESCUELA A LA CASA

Capítulo 2

Suma y resta hasta el 10

Estimada familia:

En este capítulo, su hijo sumará y restará hasta el 10. Las habilidades que practicará son las siguientes:

- sumar contando hacia delante
- sumar usando números conectados
- restar contando hacia atrás y hacia delante
- restar usando números conectados
- escribir enunciados de suma y resta
- contar cuentos de suma y resta
- resolver problemas cotidianos de suma y resta
- escribir familias de operaciones
- determinar si un enunciado es verdadero o falso

Práctica matemática

Al terminar el capítulo, realice con su hijo estas actividades, que le servirán para reforzar su comprensión de la suma y la resta hasta el 10. Tome el primer turno para mostrar a su hijo cómo se juega.

Actividad 1

- Consiga un plato de papel, un dado y 10 objetos idénticos, como frijoles, pasta o botones.
- Ponga hasta 4 objetos en el plato y cuente al mismo tiempo en voz alta.
- Lance el dado y ponga el número correspondiente de objetos en el plato, contando hasta llegar al número total de objetos.
- Vacíe el plato y pásele el siguiente turno a su hijo.

Actividad 2

- Consiga un plato de papel, un dado y 10 objetos idénticos, como frijoles, pasta o botones.
- Ponga los 10 objetos en el plato y cuente al mismo tiempo en voz alta.
- Lance el dado y quite del plato el número correspondiente de objetos, contando hacia atrás hasta llegar al número de objetos restantes.
- Vacíe el plato y pásele el siguiente turno a su hijo.

Charla de matemáticas

Un **número conectado** es un modelo visual de la relación entre un número **entero** y sus **partes**. Por ejemplo, las partes 2 y 3 forman un número conectado para el 5. Analice con su hijo la siguiente relación entre números. Aliéntelo para usar las palabras entero y parte. Use objetos idénticos, por ejemplo bloques, como ayuda para análisis.

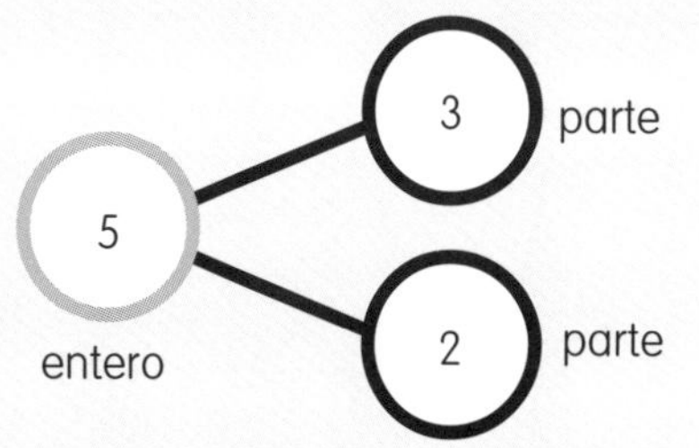

Tome 10 objetos idénticos, como frijoles, y una hoja de papel. Dibuje un símbolo de **más** (+) a la mitad de la hoja. Dele la vuelta y trace un símbolo de **menos** (–).
Con los objetos y los dos lados de la hoja, conversen sobre cómo hacer modelos y resolver problemas de suma y resta.

PÁGINA EN BLANCO

Nombre: ______________________ Fecha: ____________

Capítulo 2

Práctica adicional y tarea
Suma y resta hasta el 10

Actividad 1 Formar números conectados

Observa cada ilustración.
Luego, completa cada número conectado.

1

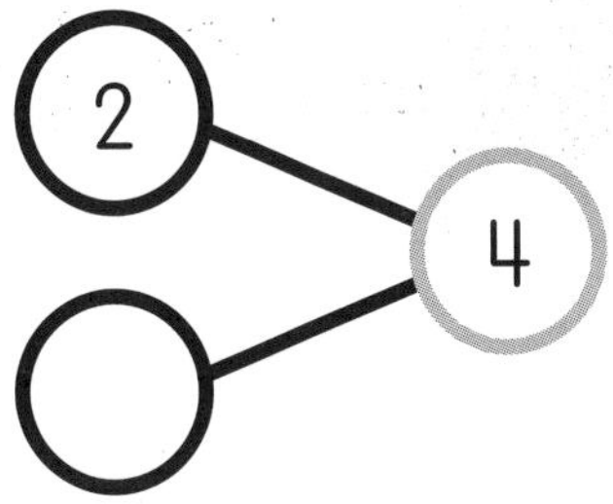

2

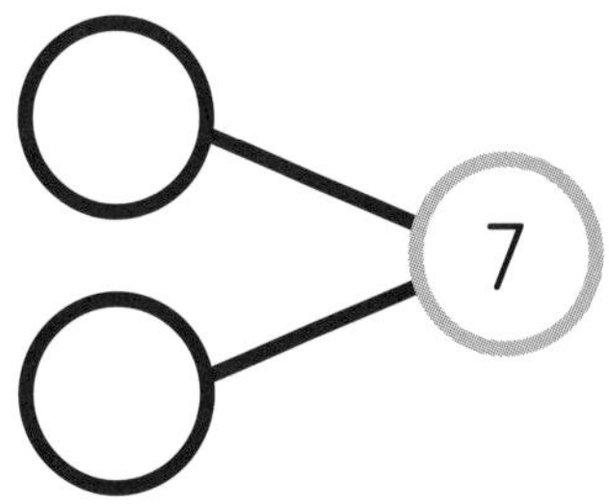

Completa cada número conectado.

3
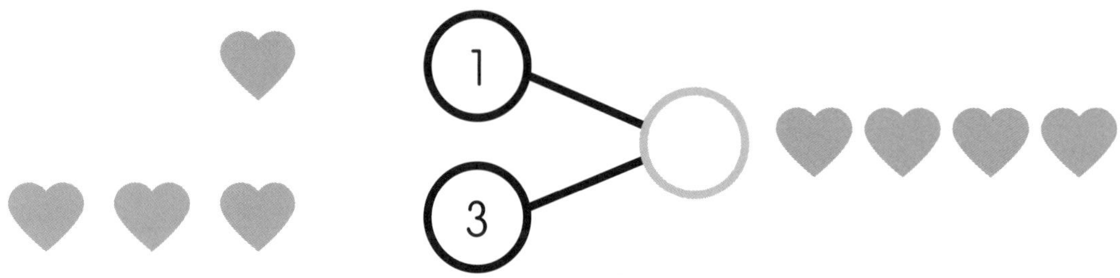

4
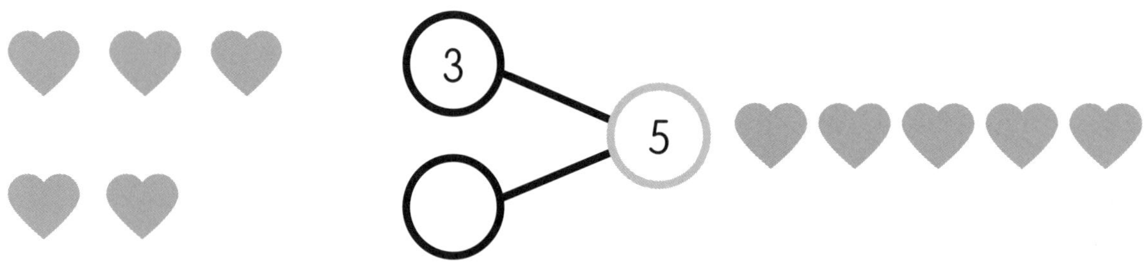

5
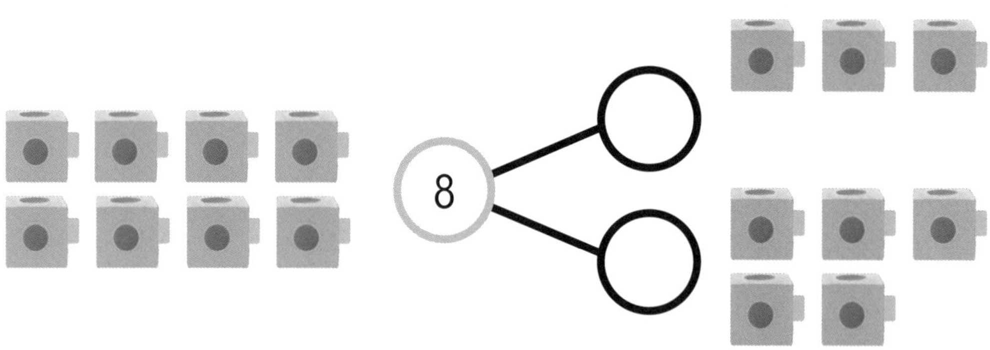

6
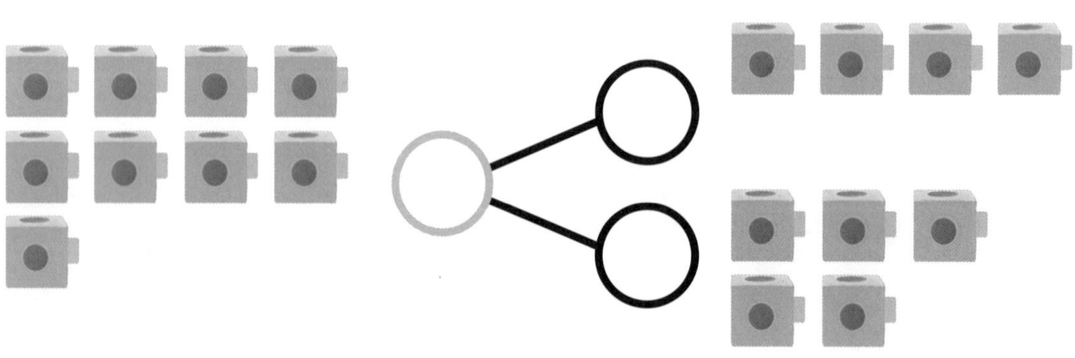

Escribe cada número que falta.

7
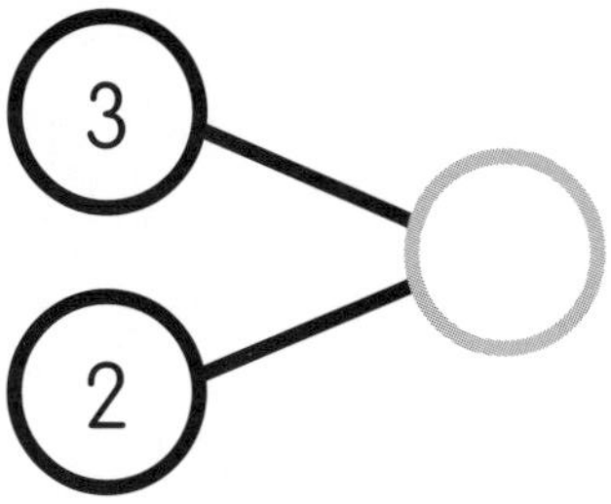

3 y 2 forman ________.

8
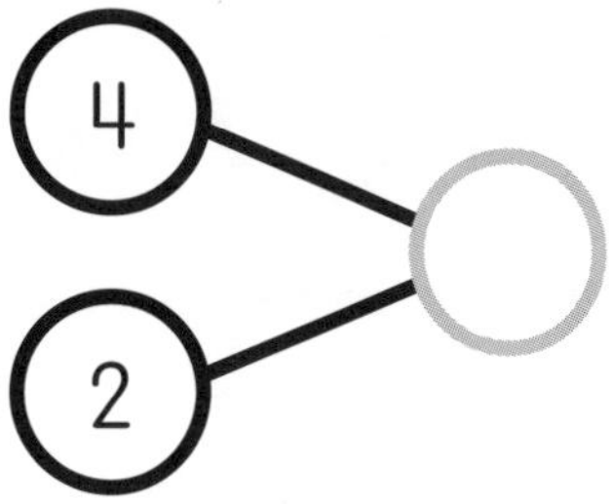

4 y 2 forman ________.

9
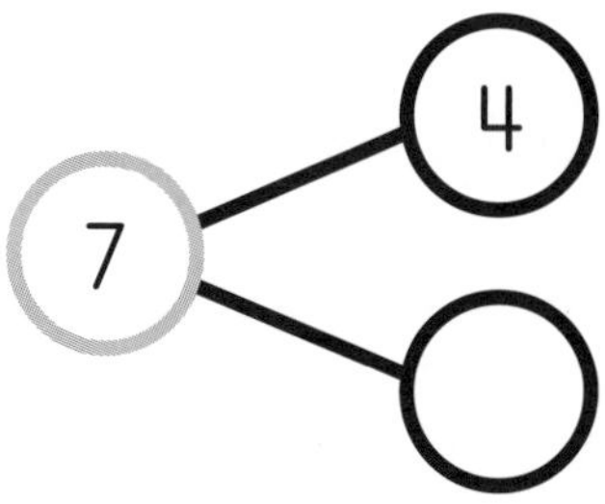

4 y ________ forman 7.

10
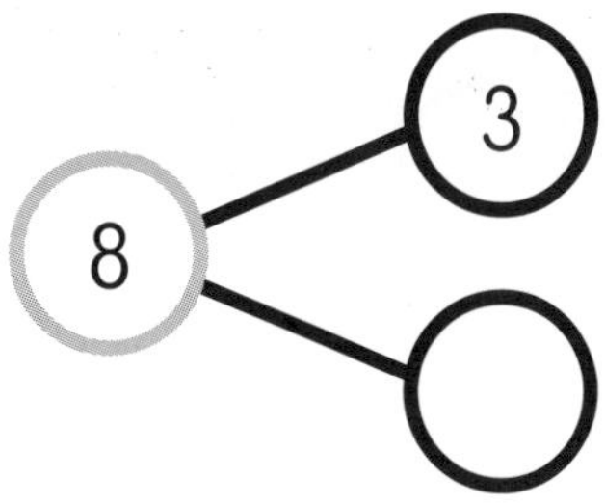

3 y ________ forman 8.

11
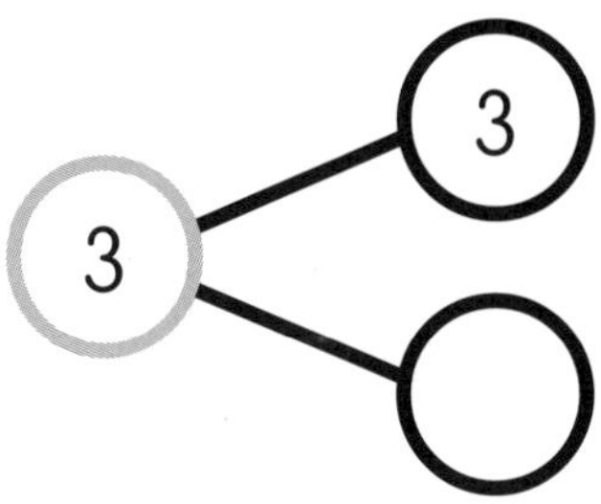

3 y ________ forman 3.

12
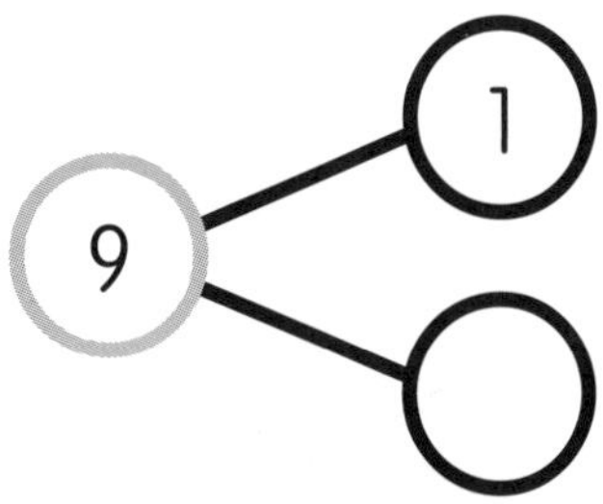

1 y ________ forman 9.

Forma un número conectado para cada número.

13

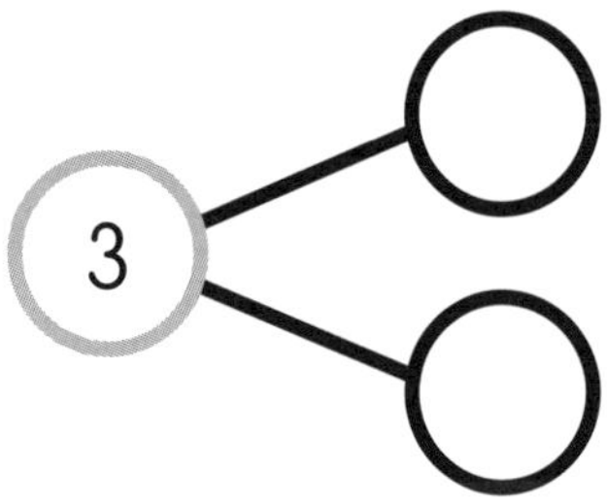

_________ y _________ forman 3.

14

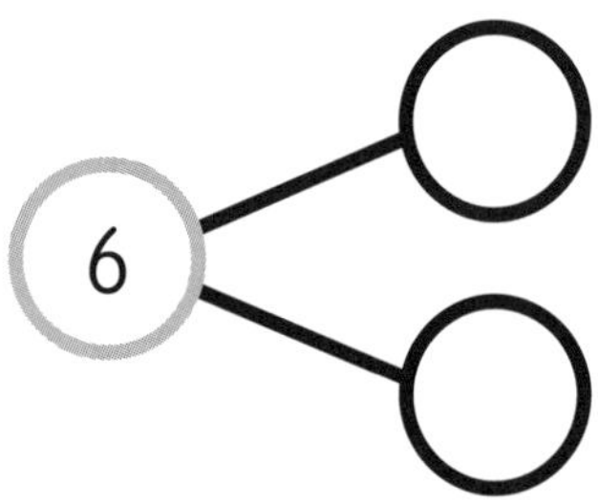

_________ y _________ forman 6.

15

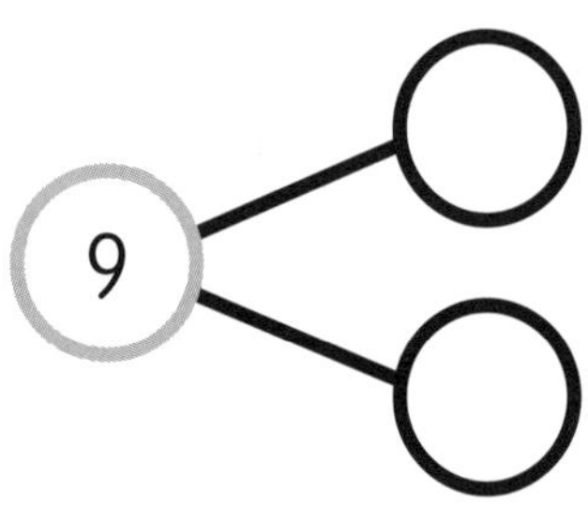

_________ y _________ forman 9.

16

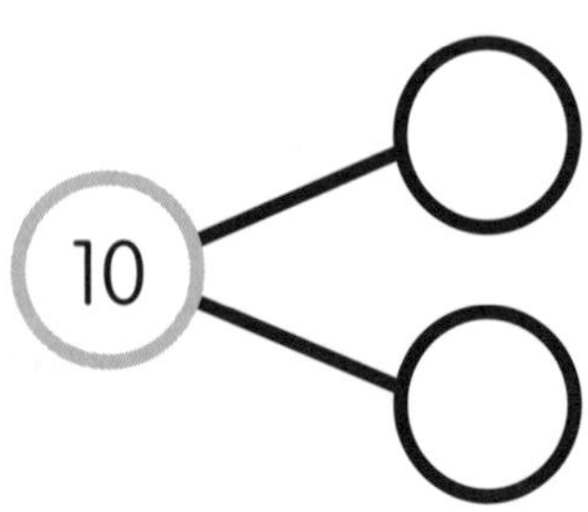

_________ y _________ forman 10.

Nombre: ______________________ Fecha: ____________

Práctica adicional y tarea
Suma y resta hasta el 10

Actividad 2 Maneras de sumar

Completa cada número conectado.

1

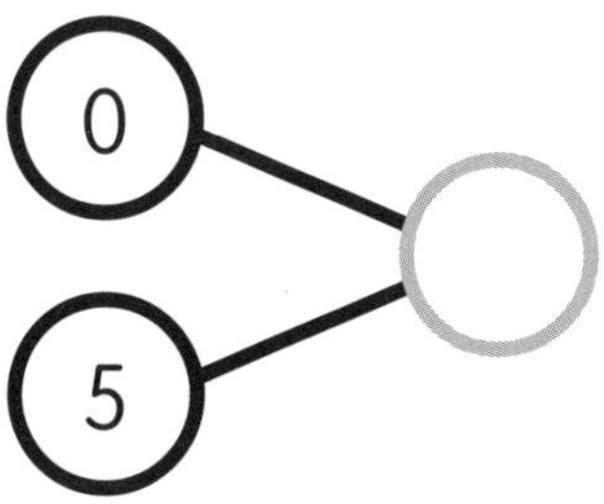

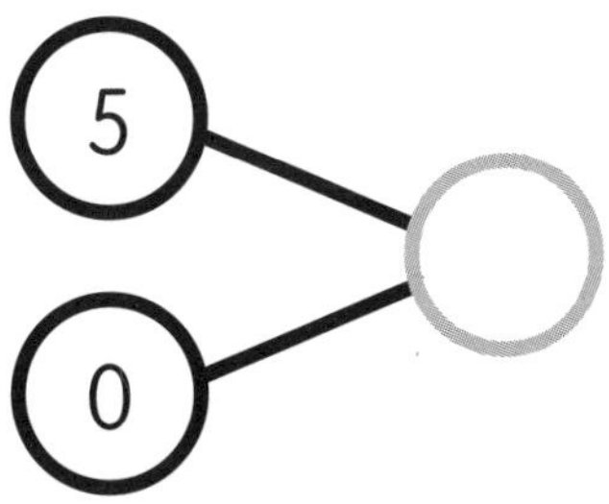

2

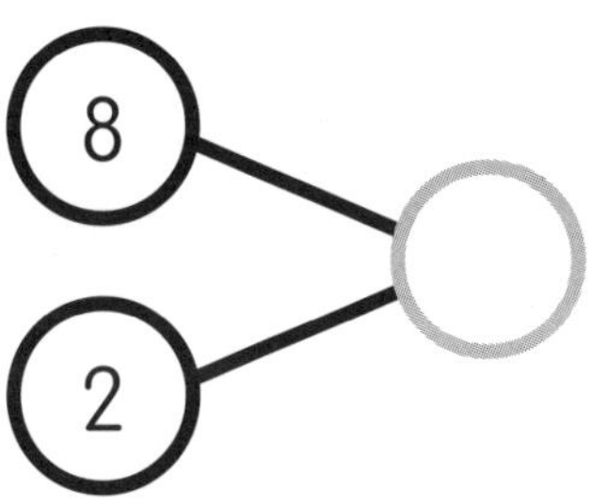

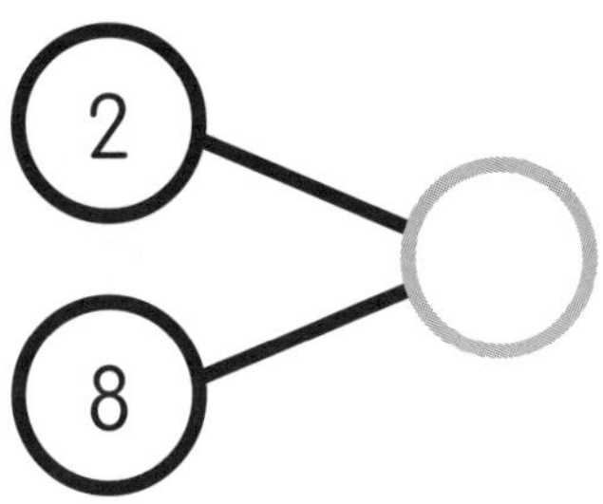

Suma.
Usa los números conectados como ayuda.

3 ¿Cuántos libros hay en total?

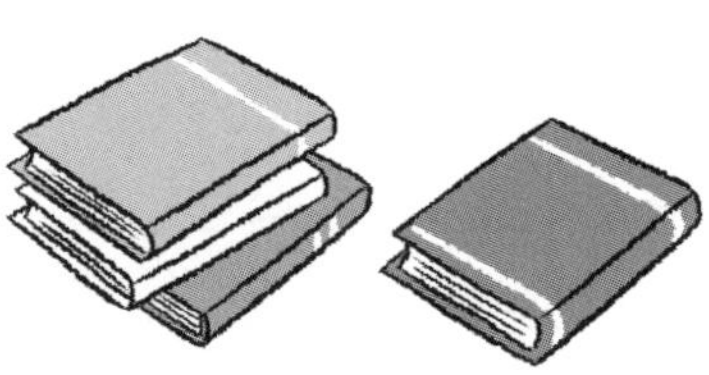

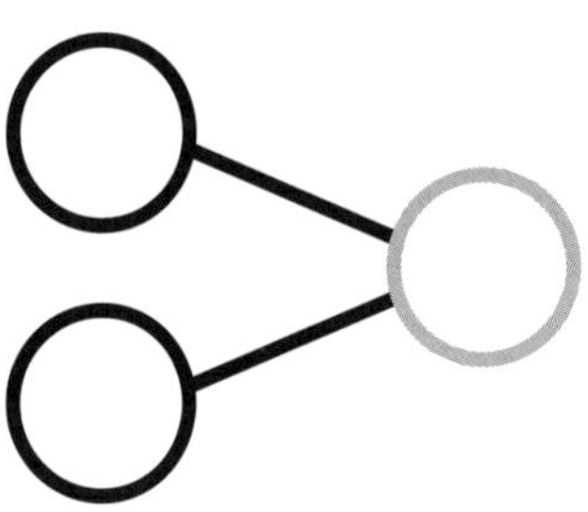

3 + ______ = ______ o ______ + ______ = ______

Hay __________ libros en total.

4 ¿Cuántos conejos hay en total?

_____ + _____ = _____ o _____ + _____ = _____

Hay __________ conejos en total.

5 ¿Cuántos ratones hay en total?

_____ + _____ = _____ o _____ + _____ = _____

Hay __________ ratones en total.

Suma.
Cuenta hacia delante desde el número mayor.
Completa cada número que falta.

6

$3 + 2 =$ __________

7

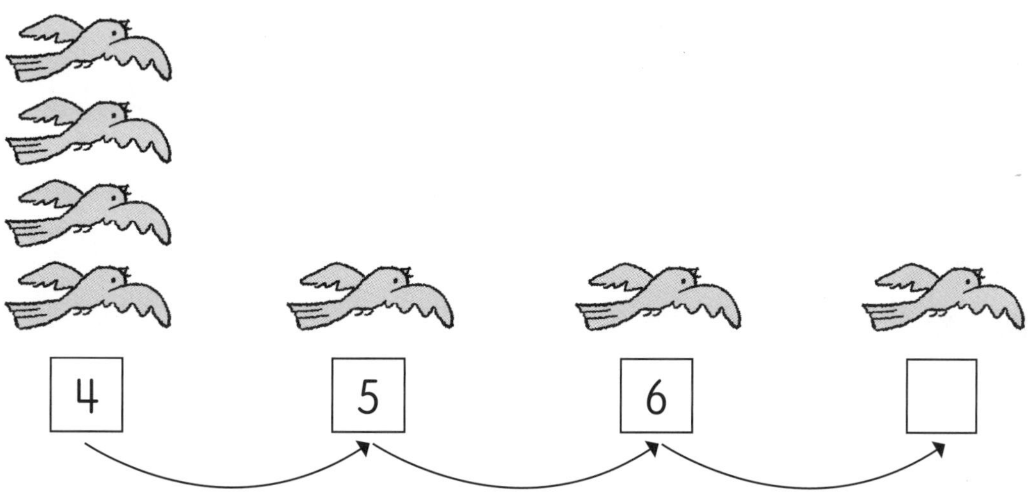

$4 + 3 =$ __________

8

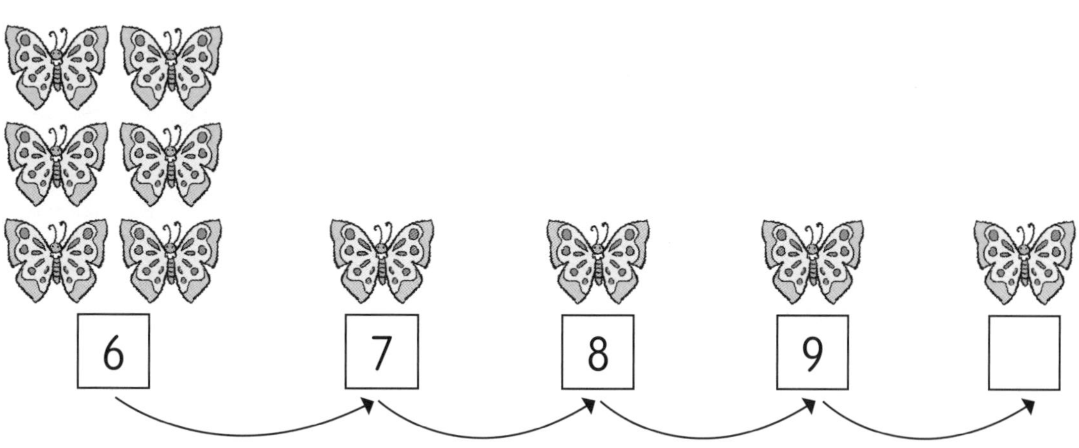

$6 + 4 =$ __________

Suma.
Cuenta hacia delante desde el número mayor.

9 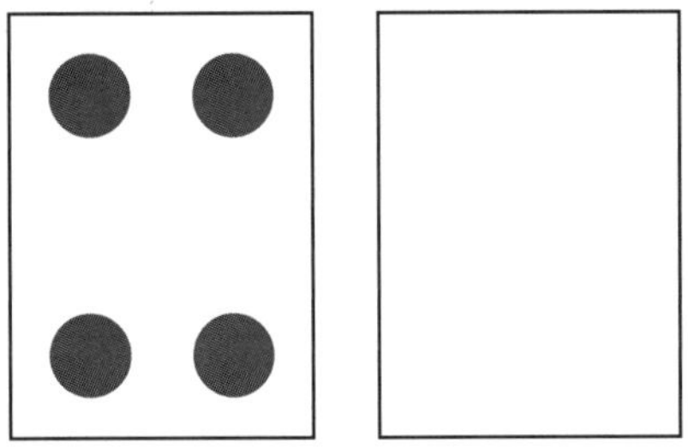

$4 + 0 =$ ______

10 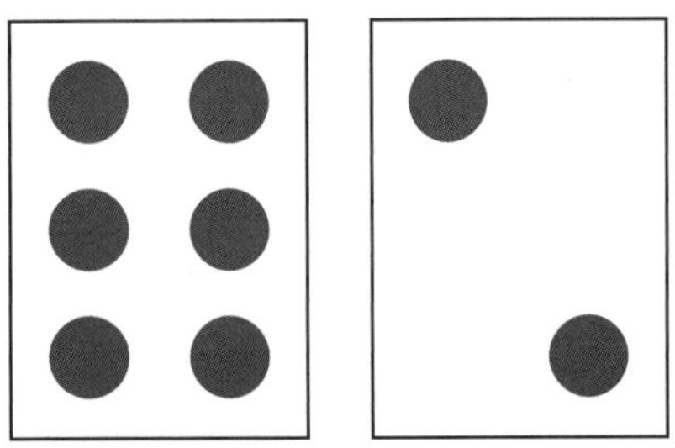

$6 + 2 =$ ______

11 

$5 + 4 =$ ______

Suma.
Usa la cinta para contar como ayuda.

12 $4 + 1 =$ ______

13 $1 + 5 =$ ______

14 $7 + 3 =$ ______

15 $4 + 5 =$ ______

Nombre: ____________________________ Fecha: ____________

Capítulo 2

Práctica adicional y tarea
Suma y resta hasta el 10

Actividad 3 Contar cuentos de suma

Observa cada ilustración.
Cuenta un cuento de suma.
Luego, completa cada espacio en blanco.

1

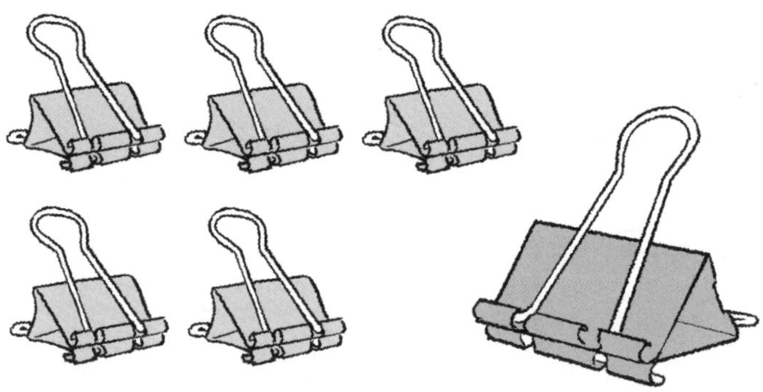

María tiene __________ clips pequeños.

Ella tiene __________ clip grande.

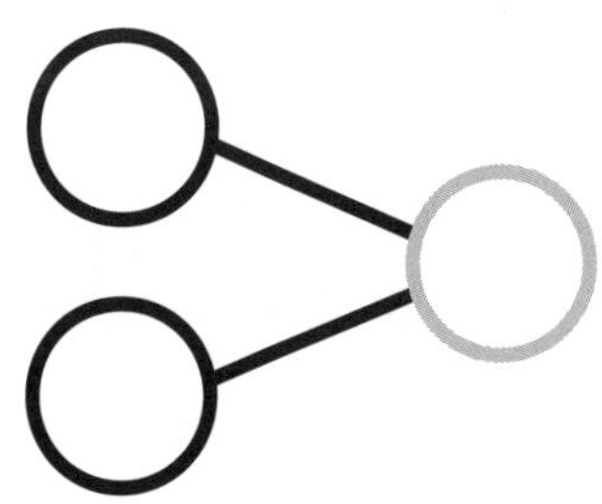

__________ ◯ __________ = __________

María tiene __________ clips en total.

2 

Hay __________ gorras blancas.

Hay __________ gorras negras.

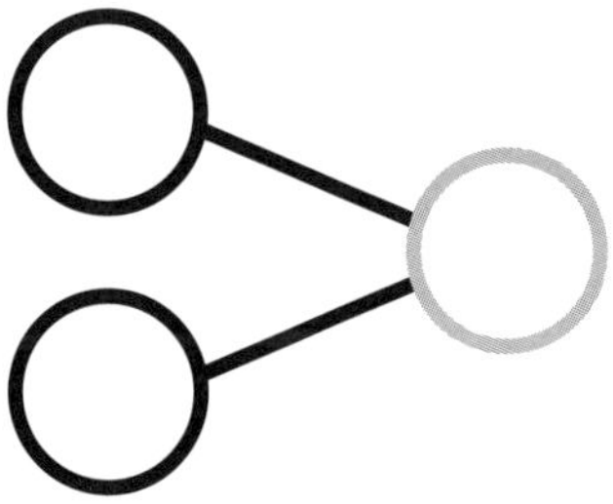

__________ ◯ __________ = __________

Hay __________ gorras en total.

3 

__________ pájaros están cantando.

__________ pájaros más se unen.

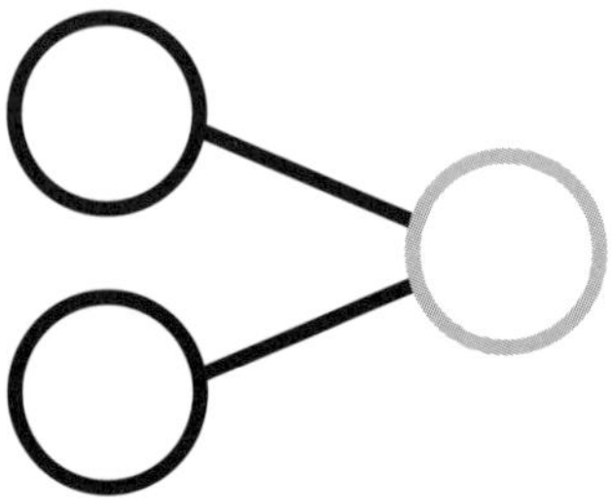

__________ ◯ __________ = __________

Hay __________ pájaros en total.

4

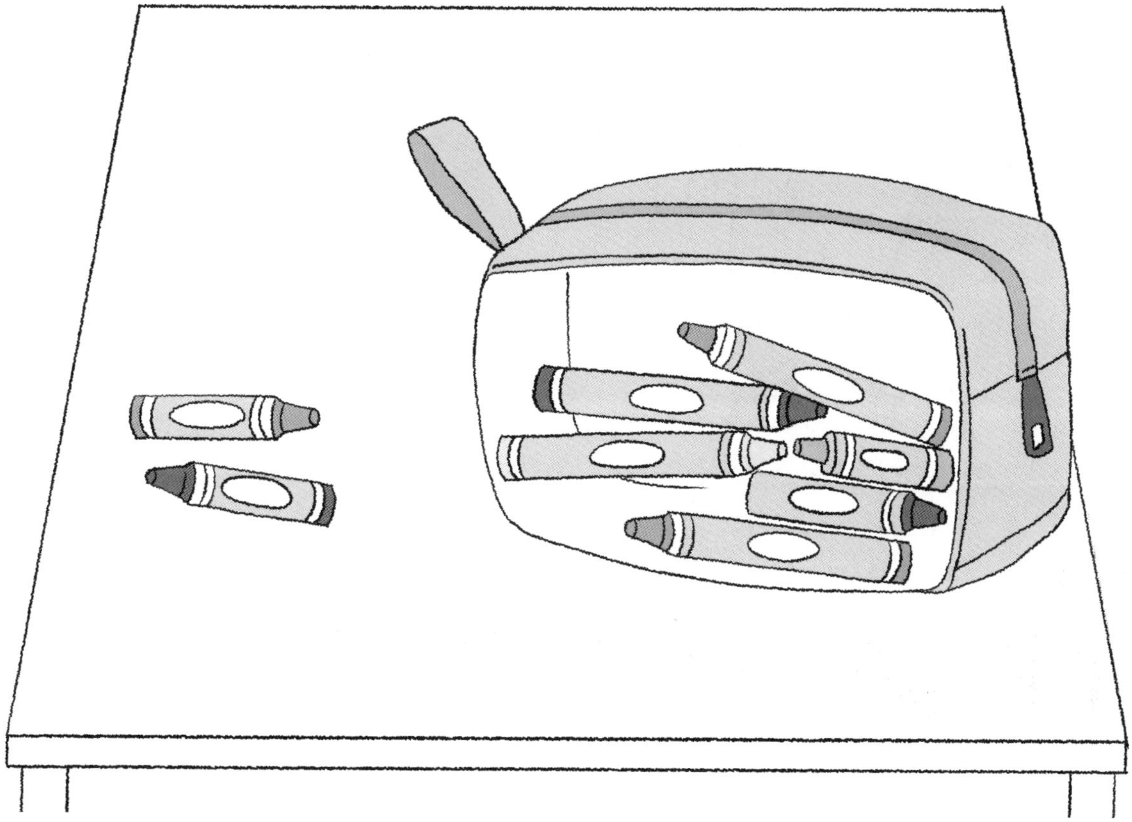

Hay ________ crayolas en el estuche para lápices.

Hay ________ crayolas no están en el estuche para lápices.

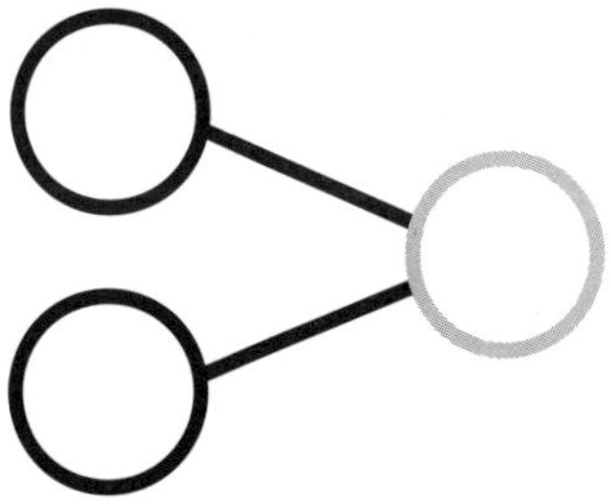

________ ◯ ________ = ________

Hay ________ crayolas en total.

5

Hay ________ papas en la olla.

El Sr. Brown pone ________ papas más.

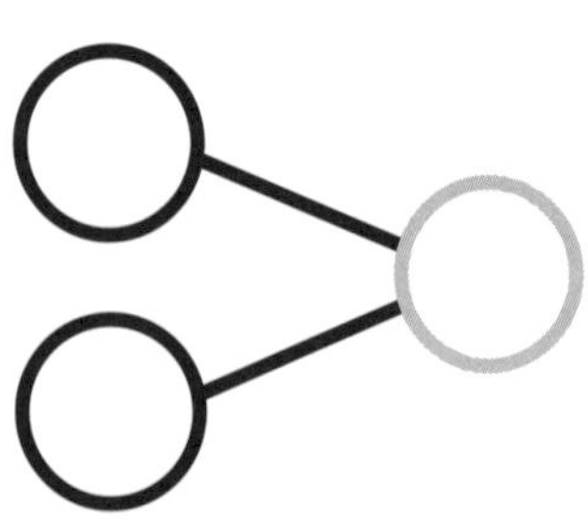

________ ◯ ________ = ________

Hay ________ papas en la olla ahora.

6

Blake dobla __________ flores de papel.

Bella dobla __________ flores de papel.

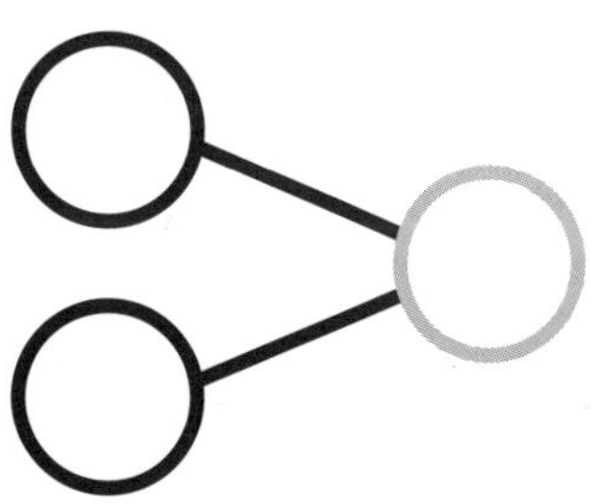

__________ ◯ __________ = __________

Ellos doblaron __________ flores de papel en total.

7

Hay ________ estrellas de mar en la playa al principio.

Otras ________ estrellas de mar se arrastran hacia la playa.

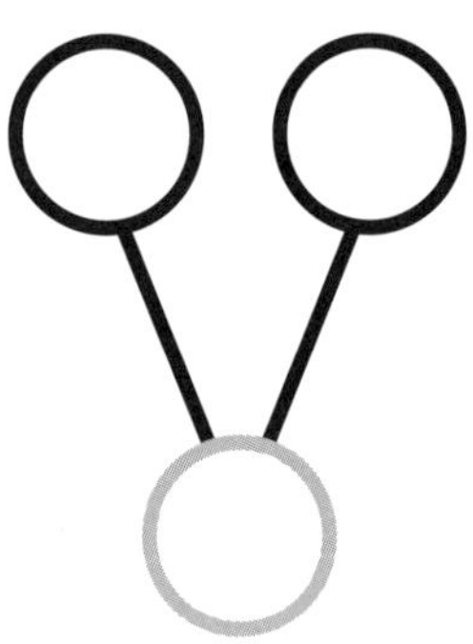

________ ◯ ________ = ________

Hay ________ estrellas de mar en la playa ahora.

Capítulo 2

Práctica adicional y tarea
Suma y resta hasta el 10

Actividad 4 Problemas cotidianos: suma

Resuelve.

1. Matthew tiene 4 camisetas.
Recibe 2 camisetas de regalo.
¿Cuántas camisetas tiene
Matthew en total?

   ________ ◯ ________ = ________

   Matthew tiene ________ camisetas en total.

2. Malia tiene 7 diademas.
Su hermana le da 1 diadema.
¿Cuántas diademas tiene
Malia en total?

Puedes usar el modelo de cuatro pasos para resolver problemas como ayuda.

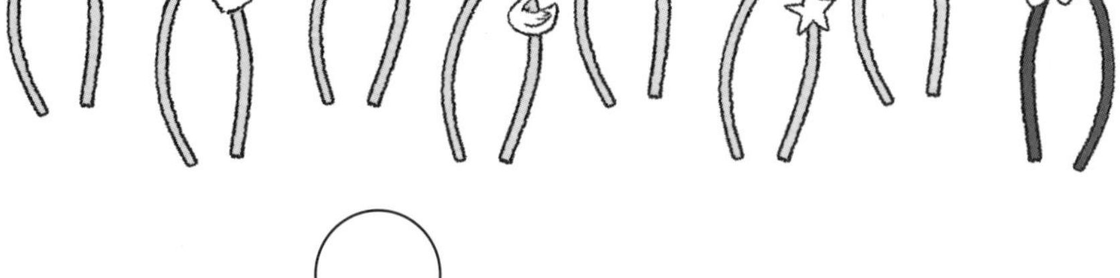

   ________ ◯ ________ = ________

   Malia tiene ________ diademas en total.

3 Henry dobla 7 peces de papel.
Luego, dobla 3 peces de papel más.
¿Cuántos peces de papel dobló Henry en total?

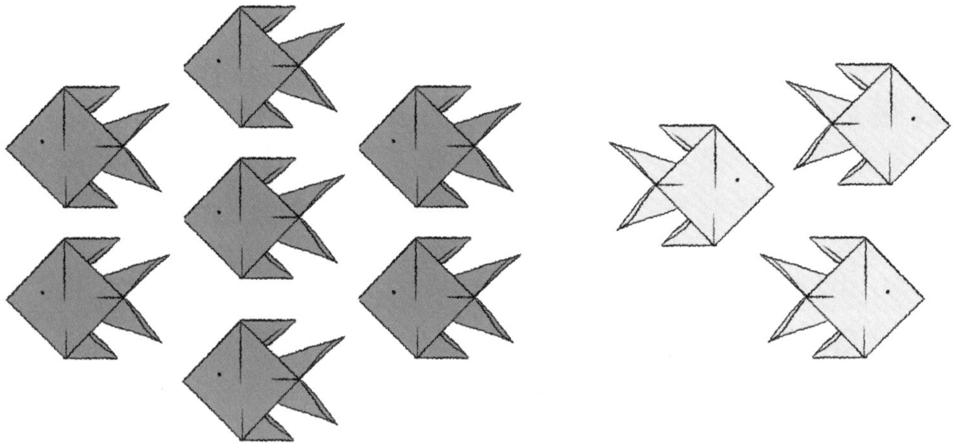

_______ ◯ _______ = _______

Henry dobló _______ peces de papel en total.

4 La Sra. Black planchó 3 vestidos el lunes en la mañana.
Planchó 4 vestidos más en la tarde.
¿Cuántos vestidos planchó en total la Sra. Black?

_______ ◯ _______ = _______

La Sra. Black planchó _______ vestidos en total.

Nombre: ____________________ Fecha: ____________

Capítulo 2

Práctica adicional y tarea
Suma y resta hasta el 10

Actividad 5 Maneras de restar

Resta.
Cuenta hacia delante desde el número menor.
Traza flechas como ayuda.

1 ¿Cuántas magdalenas quedan?

1	2	3	4	5	6	7

7 – 4 = ____________

Quedan ____________ magdalenas.

2 ¿Cuántos huevos rompió el señor al caerse?

1	2	3	4	5	6	7	8	9

9 – 5 = ________

El señor rompió ________ huevos al caerse.

3 ¿Cuántas manzanas quedan en el árbol?

1	2	3	4	5	6	7	8	9	10

10 – 7 = ________

Quedan ________ manzanas en el árbol.

Resta.
Cuenta hacia delante desde el número menor.
Dibuja flechas como ayuda.

4 $9 - 6 =$ ________

1	2	3	4	5	6	7	8	9

5 $8 - 4 =$ ________

1	2	3	4	5	6	7	8

6 $10 - 6 =$ ________

1	2	3	4	5	6	7	8	9	10

Resta.
Cuenta hacia atrás desde el número mayor.
Dibuja flechas como ayuda.

7 ¿Cuántas cubetas están vacias?

1	2	3	4	5	6

$6 - 4 =$ ________

________ cubetas están vacias.

8 ¿Cuántos pollitos están bajo las alas de mamá gallina?

1	2	3	4	5	6	7

7 – 4 = __________

__________ pollitos están bajo las alas de mamá gallina.

Resta.
Cuenta hacia atrás desde el número mayor.
Dibuja flechas como ayuda.

9 8 – 3 = __________

1	2	3	4	5	6	7	8

10 7 – 2 = __________

1	2	3	4	5	6	7

11 10 – 4 = __________

1	2	3	4	5	6	7	8	9	10

Usa un número conectado para restar. Luego, completa cada espacio en blanco.

12 ¿Cuántas personas están a la izquierda de la línea?

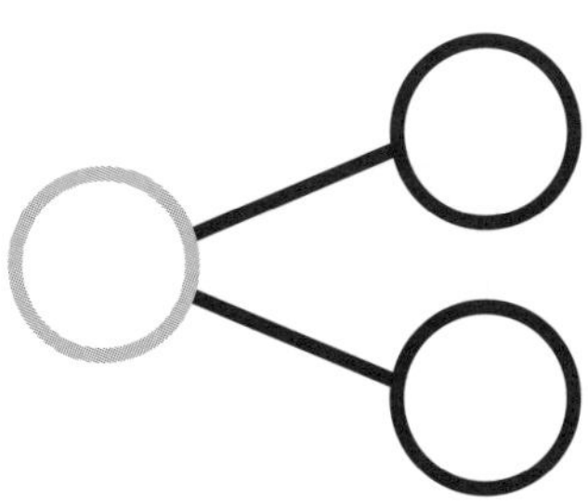

__6__ + _____ = _____

Entonces, _____ – _____ = _____.

________ – ________ = ________

________ personas están a la izquierda de la línea.

Usa un número conectado para restar.
Luego, completa cada espacio en blanco.

13 4 – 2 = ?

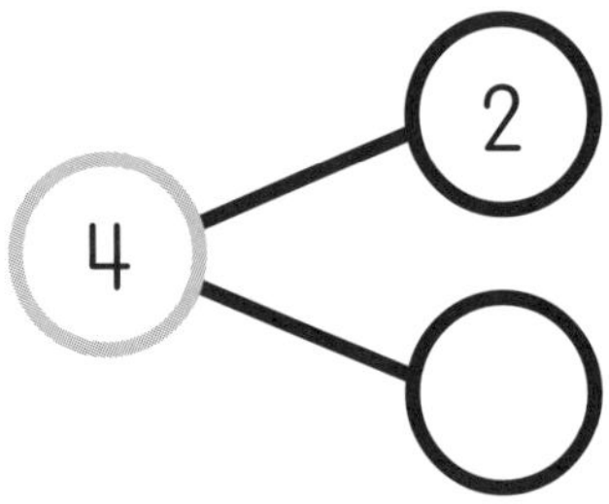

2 + ________ = 4

Entonces, 4 – 2 = ________.

14 9 – 3 = ?

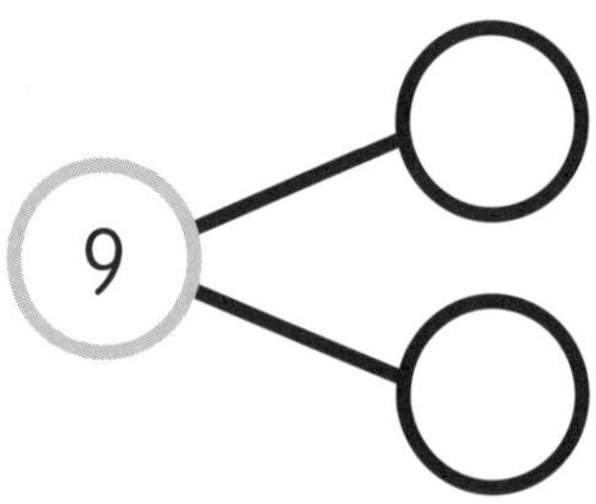

3 + ________ = 9

Entonces, 9 – ________ = ________.

15 7 – 6 = ?

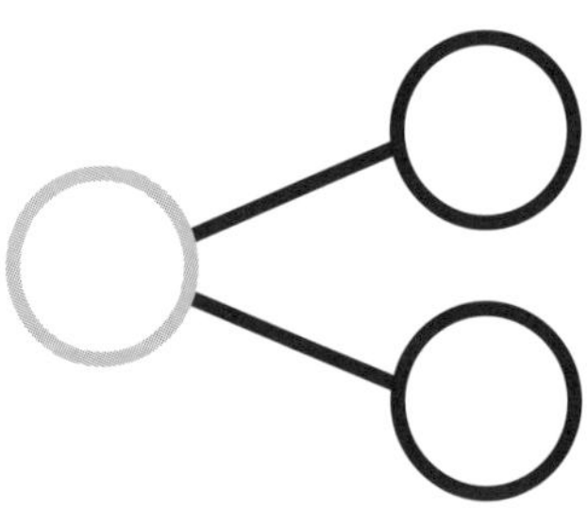

6 + ________ = 7

Entonces, 7 – ________ = ________.

16 10 – 6 = ?

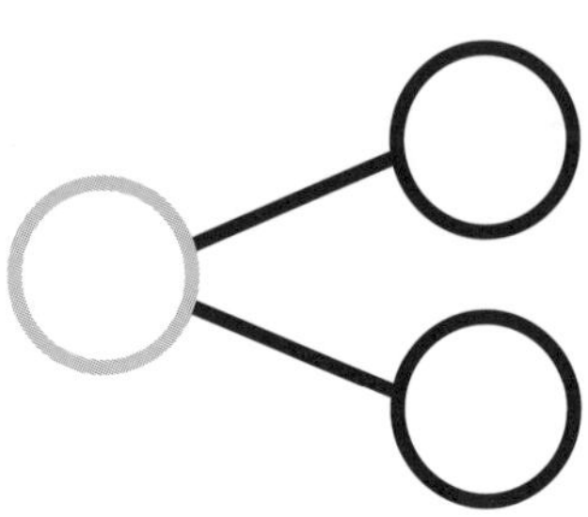

________ + ________ = 10

Entonces, 10 – ________ = ________.

Nombre: ______________________ Fecha: ____________

Capítulo 2

Práctica adicional y tarea
Suma y resta hasta el 10

Actividad 6 Contar cuentos de resta

Observa cada ilustración.
Cuenta un cuento de resta.
Luego, completa cada espacio en blanco.

1

Jess horneó 7 galletas.

Sus hijos se comieron ________ galletas.

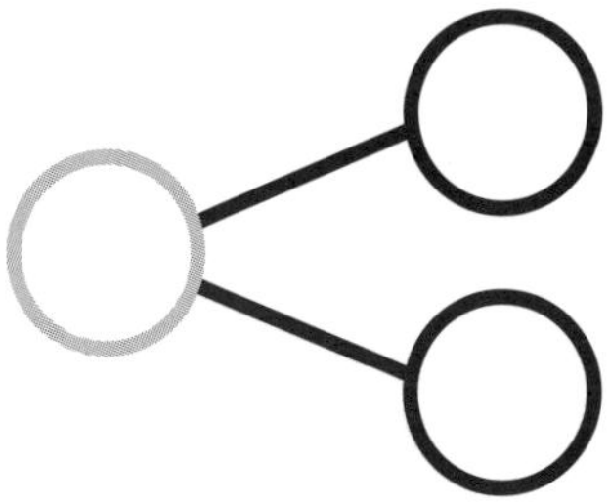

________ ◯ ________ = ________

Quedan ________ galletas.

2

Hay __________ estrellas.

Lucy coloreó __________ estrellas.

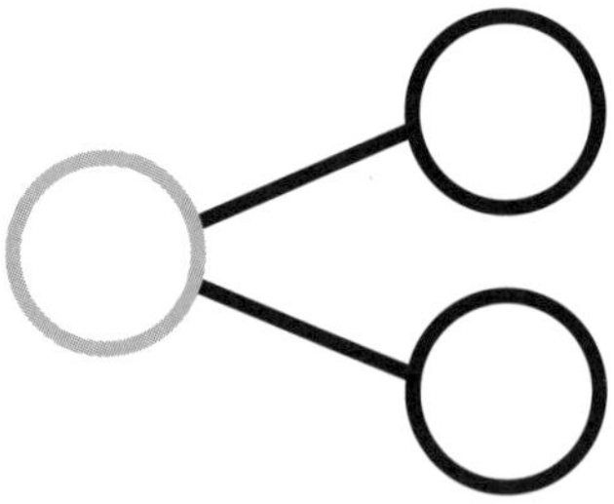

__________ ◯ __________ = __________

__________ estrellas no están coloreadas.

3

María ve _______ conejos en el campo al principio.

_______ conejos huyen.

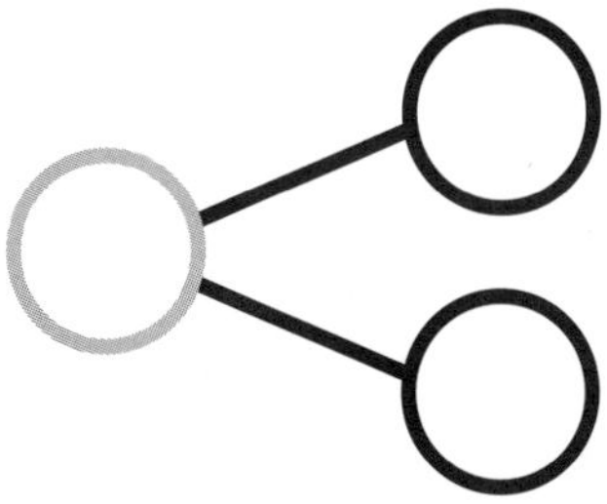

_______ ◯ _______ = _______

Quedan _______ conejos en el campo.

4

Hay _______ peces en el estanque al principio.

El hombre atrapó _______ peces.

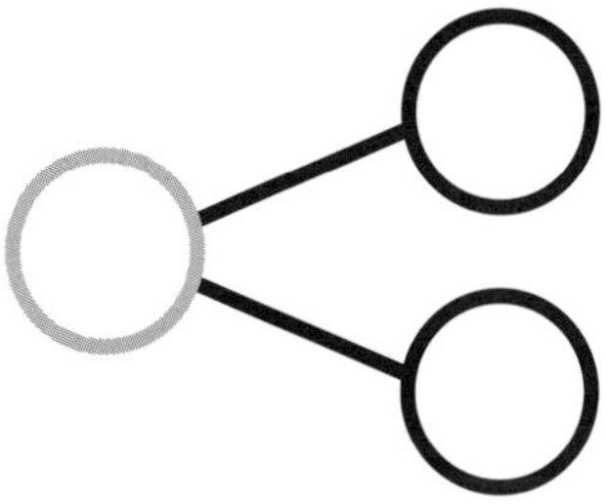

_______ ◯ _______ = _______

Quedan _______ peces en el estanque.

5 

Hay ________ regaderas en total.

El granjero Carter llenó ________ regaderas con agua.

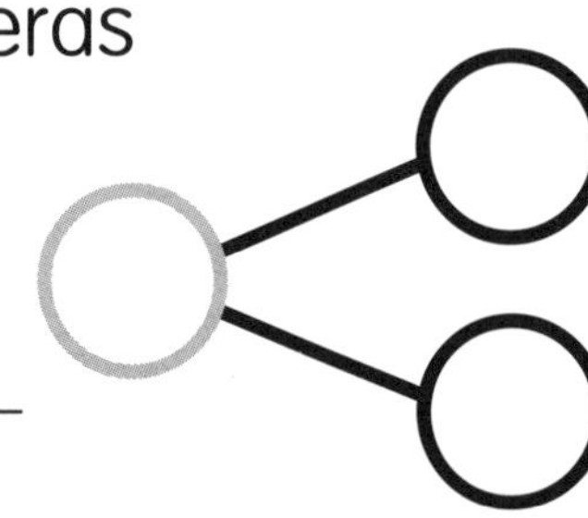

________ ◯ ________ = ________

________ regaderas no tienen agua.

6 

Alex tiene ________ manzanas y naranjas en total.

________ son manzanas.

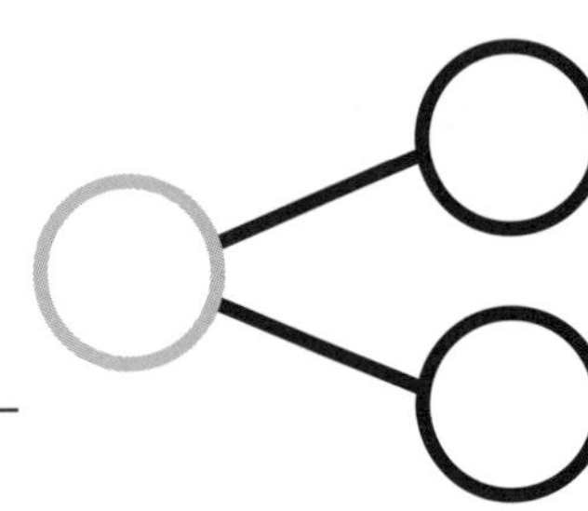

________ ◯ ________ = ________

Alex tiene ________ naranjas.

Nombre: ______________________________ Fecha: ______________

Capítulo 2

Práctica adicional y tarea
Suma y resta hasta el 10

Actividad 7 Problemas cotidianos: resta

Resuelve.

1. La Sra. Davis tiene 8 zanahorias.
   Ella usa 5 para cocinar un pastel de zanahoria.
   ¿Cuántas zanahorias quedan?

_______ ◯ _______ = _______

Quedan _______ zanahorias.

Puedes usar el modelo de cuatro pasos para resolver problemas como ayuda.

2. El Sr. Lee tiene 7 corbatas.
4 de ellas tienen estampado.
El resto son lisas.
¿Cuántas corbatas lisas tiene el Sr. Lee?

_____ ◯ _____ = _____

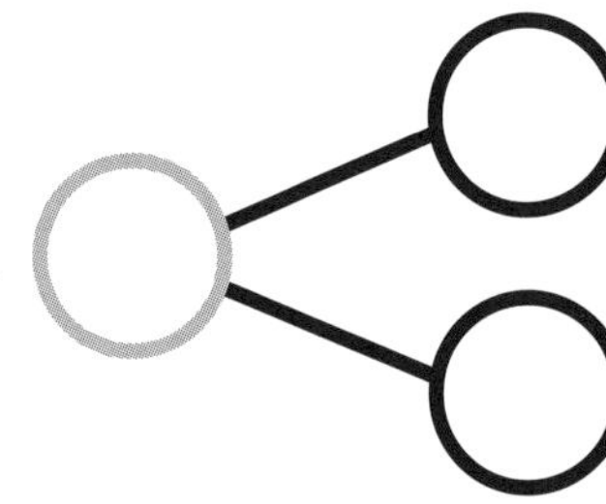

El Sr. Lee tiene _____ corbatas lisas.

3. Hay 8 peras.
Alan y su hermana se comieron 4 de ellas.
¿Cuántas peras quedan?

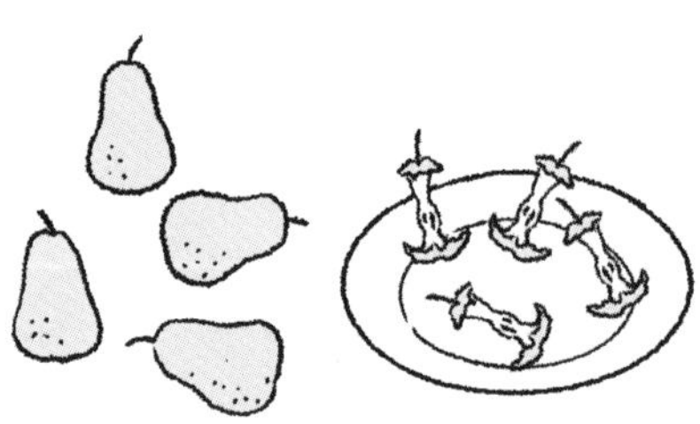

_____ ◯ _____ = _____

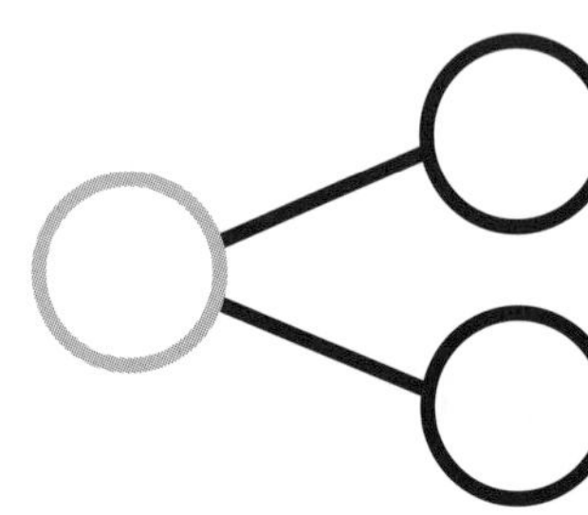

Quedan _____ peras.

4 Hay 10 pulseras en la tienda.
Una señora compra 7 de ellas.
¿Cuántas pulseras quedan?

_________ ◯ _________ = _________

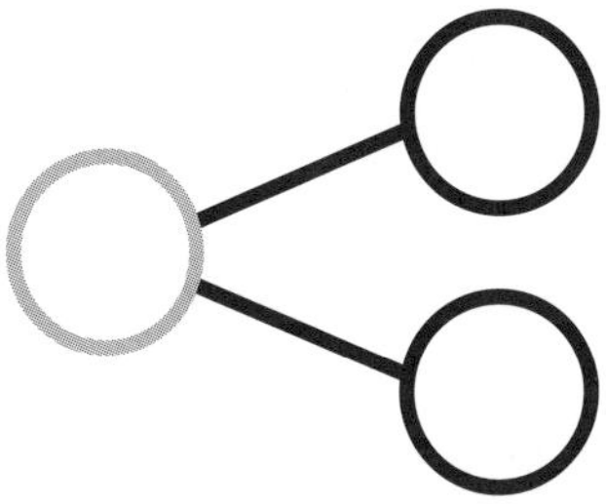

Quedan _________ pulseras.

5 Hay 9 árboles en el parque.
7 árboles son bajos y el resto son altos.
¿Cuántos árboles altos hay?

_________ ◯ _________ = _________

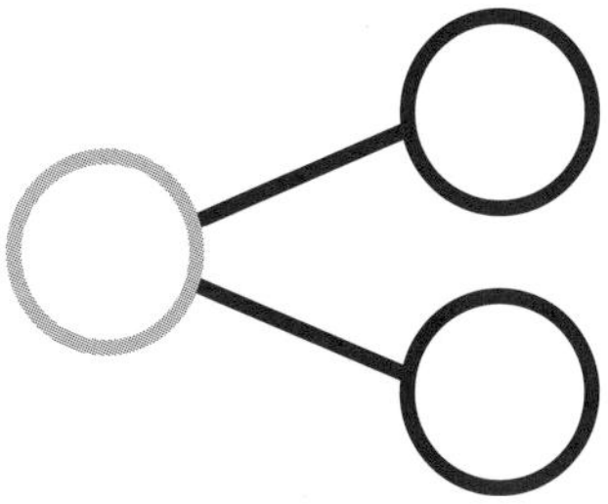

Hay _________ árboles altos.

6. Liam atrapó 7 camarones.
Le da 3 camarones a su hermana.
¿Cuántos camarones le quedan a Liam?

_____ ◯ _____ = _____

A Liam le quedan _____ camarones.

7. Hay 9 animales en una granja.
3 de ellos son vacas y el resto son ovejas.
¿Cuántas ovejas hay?

_____ ◯ _____ = _____

Hay _____ ovejas.

Nombre: ______________________ Fecha: ____________

Capítulo 2

Práctica adicional y tarea
Suma y resta hasta el 10

Actividad 8 Hacer familias de operaciones

Haz una familia de operaciones para cada ilustración.

1

_____ + _____ = _____ _____ − _____ = _____

_____ + _____ = _____ _____ − _____ = _____

2

_____ + _____ = _____ _____ − _____ = _____

_____ + _____ = _____ _____ − _____ = _____

3 

_____ + _____ = _____ _____ − _____ = _____

_____ + _____ = _____ _____ − _____ = _____

Completa cada espacio en blanco.
Usa operaciones relacionadas como ayuda.

4 Silas compra algunos cuadernos.
Usa 3 de sus cuadernos son usados.
4 de sus cuadernos no nan sido usados.
¿Cuántos cuadernos compra Silas en total?

___?___ − 3 = 4

3 + 4 = _____ es la operación de suma relacionada.

Entonces, _____ − 3 = 4.

Silas compra _____ cuadernos en total.

5 Brooke y su hermano tienen 10 duraznos.
Ellos se comen algunos duraznos.
Ellos tienen 8 duraznos ahora.
¿Cuántos duraznos se comieron Brooke y su hermano?

8 + ___?___ = 10

10 – 8 = ________ es la operación de resta relacionada.

Entonces, 8 + ________ = 10.

Brooke y su hermano se comieron ________ duraznos.

Completa cada espacio en blanco.
Usa operaciones relacionadas como ayuda.

6 ________ – 2 = 3

7 ________ – 7 = 2

8 10 – ________ = 6

9 4 + ________ = 9

Completa cada espacio en blanco.

10. ¿9 – 7 = 3 es un enunciado numérico verdadero?

    9 – 7 = __________

    ¿__________ es lo mismo que 3? __________ (No / Sí)

    Entonces, este enunciado numérico es __________.
    (verdadero / falso)

Colorea los objetos con un enunciado numérico que sea verdadero.

11.

12.

Nombre: ____________________ Fecha: __________

Hábito para matemáticas 4 Usa modelos matemáticos

Completa cada espacio en blanco con un número.

Elige tus propios números.

Hay __________ hojas en una planta.

Un gusano se come __________ hojas de la planta.

¿Cuántas hojas quedan en la planta?

__________ – __________ = __________

Quedan __________ hojas en la planta.

Puedes dibujar las hojas como ayuda.

1 **Hábito para matemáticas 1** **Perseverar en la resolución de problemas**

Escribe dos enunciados de suma que sean verdaderos.

Usa cada número solo una vez.

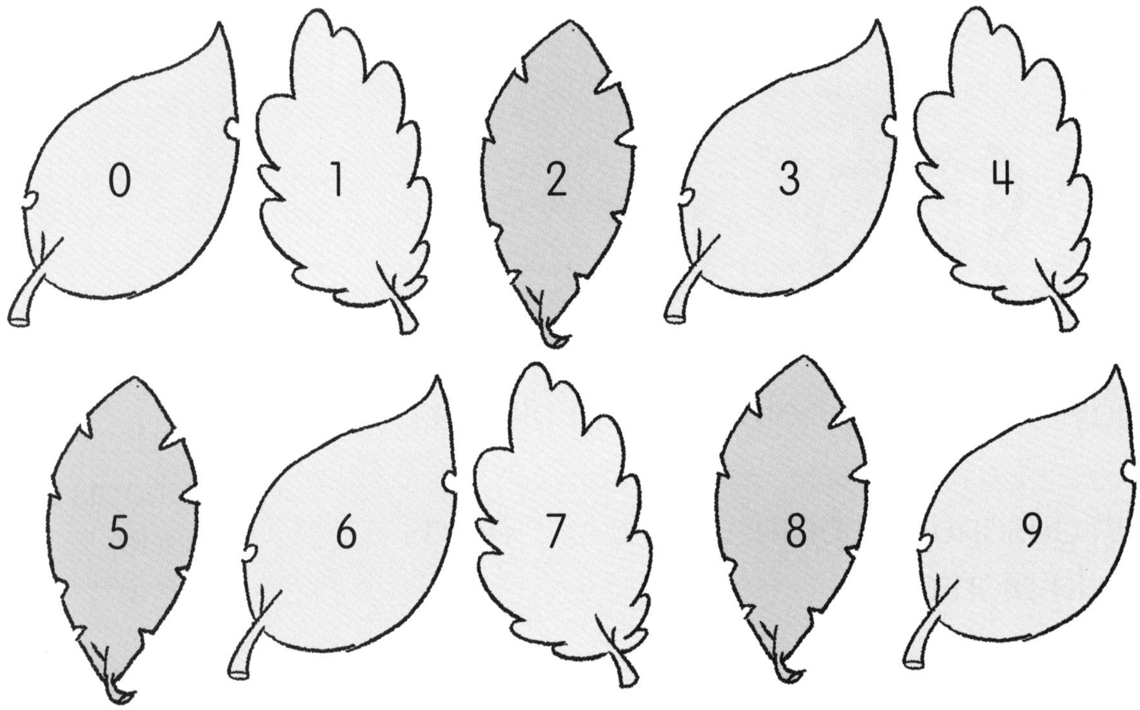

Escribe tus enunciados de suma en la siguiente página.
Usa números conectados como ayuda.

______ + ______ + ______ = 10

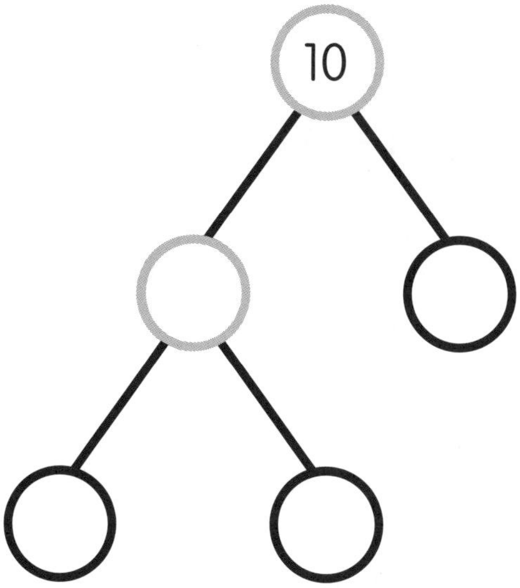

______ + ______ + ______ = 10

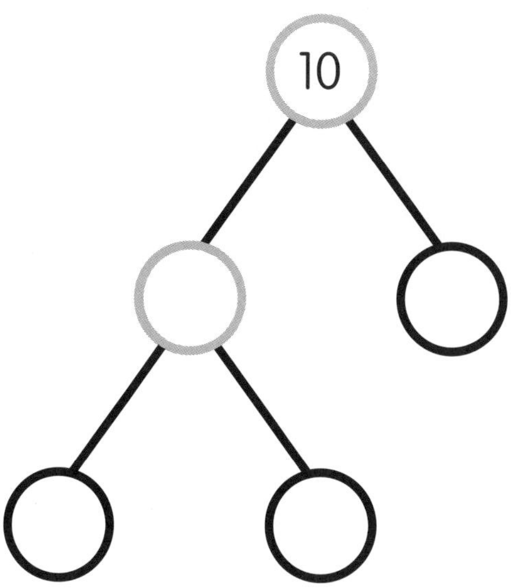

2 **Hábito para matemáticas 1** **Perseverar en la resolución de problemas**

Ellie piensa en dos números.
Da pistas a Max y le pide estimar los números.

Pistas:
Cuando ella los suma, obtiene 8.
Cuando ella le resta uno al otro, obtiene 2.

¿Cuáles son los dos números?

Capítulo 3

CONEXIONES DE LA ESCUELA A LA CASA

Figuras, cuerpos y patrones

Estimada familia:

En este capítulo, su hijo explorará figuras planas y cuerpos geométricos. Las habilidades que practicará son las siguientes:

- identificar, clasificar y describir figuras planas
- identificar, clasificar y ordenar cuerpos geométricos
- componer nuevas figuras y modelos
- usar formas para identificar, ampliar y crear patrones

Práctica matemática

Al terminar el capítulo, realice con su hijo estas actividades, que le servirán para reforzar su comprensión de las figuras planas y los cuerpos geométricos.

Actividad 1

- Busquen en la alacena ejemplos de prismas rectangulares, cubos y cilindros. Clasifiquen los objetos por su forma.

Actividad 2

- Vayan a la biblioteca y lean libros sobre figuras, como *Shapes, Shapes, Shapes* de Tana Hoban; *Shapes That Roll* de Karen Nagel; *Bees, Snails, and Peacock Tails: Patterns and Shapes... Naturally* de Betsy Franco, y *Shape by Shape* de Suse MacDonald.

Actividad 3

- Pida a su hijo que dibuje su animal favorito con círculos, cuadrados, triángulos y rectángulos. Luego, rételo para que forme el mismo animal con cuerpos geométricos. Con plastilina o masilla comprada o hecha en casa, hagan esferas, cubos, pirámides y prismas rectangulares.

Charla de matemáticas

Examinen una hoja de papel. Cuenten los **lados** y las esquinas o **vértices**. Si los lados de la hoja son iguales, es un cuadrado. Si los lados opuestos son iguales, es un rectángulo.

A continuación, tomen una caja de cereal. Cuenten los lados y los vértices. Identifiquen la caja como un **prisma rectangular**, que es un tipo de cuerpo geométrico.

PÁGINA EN BLANCO

Nombre: ______________________ Fecha: __________

Capítulo 3

Práctica adicional y tarea
Figuras, cuerpos y patrones

Actividad 1 Explorar figuras planas

Traza cada figura.
Luego, empareja cada figura con su nombre.

1

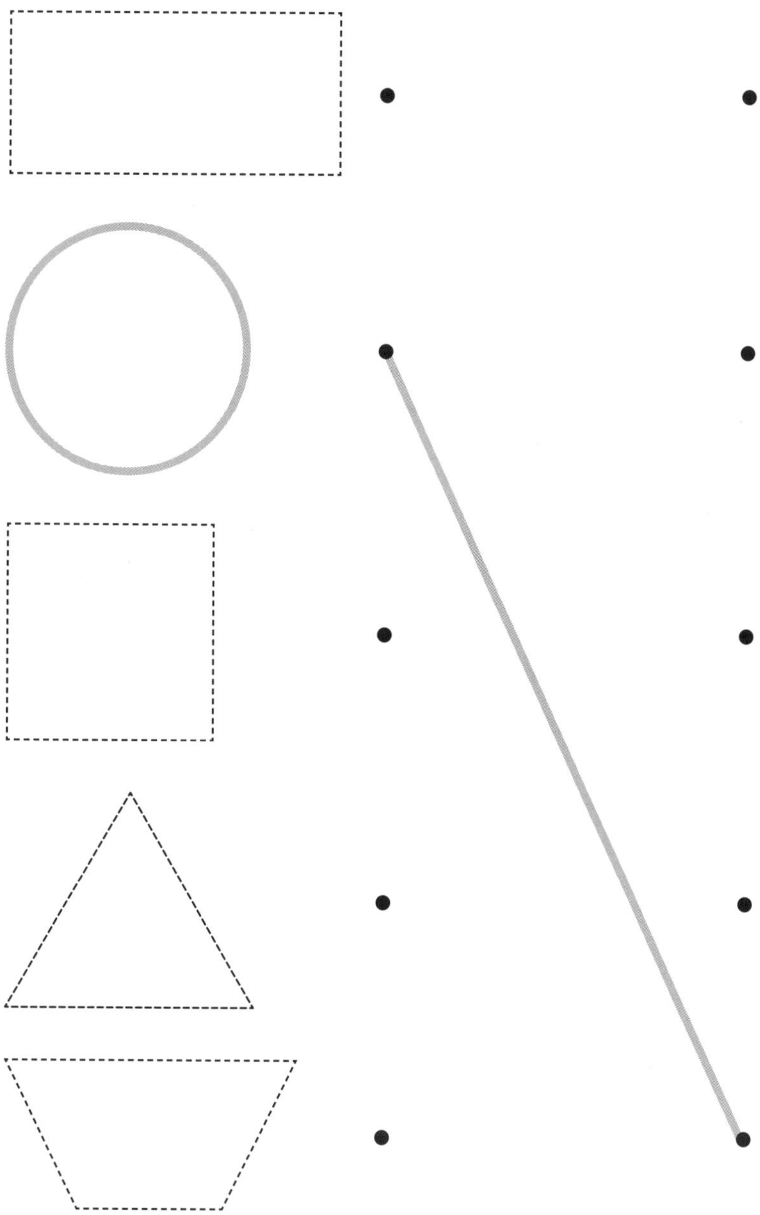

- triángulo
- cuadrado
- rectángulo
- trapecio
- círculo

Colorea las figuras.

2 Cuadrados

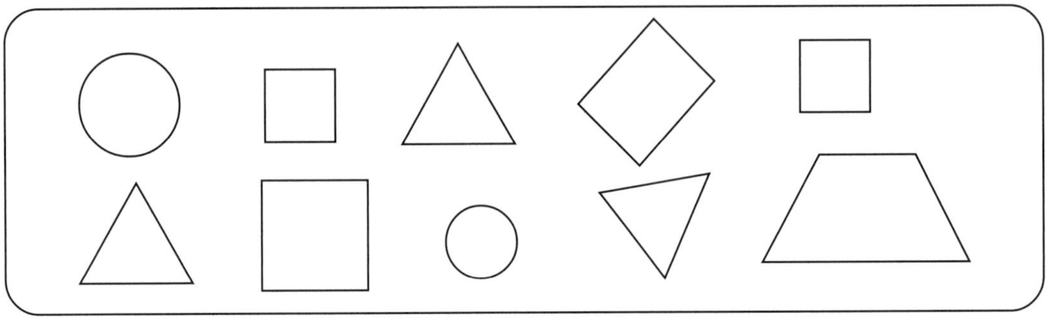

3 Triángulos

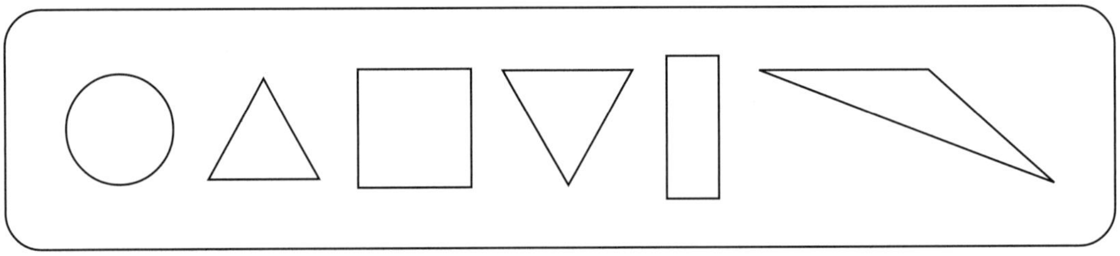

4 Rectángulos

5 Las figuras que no son círculos

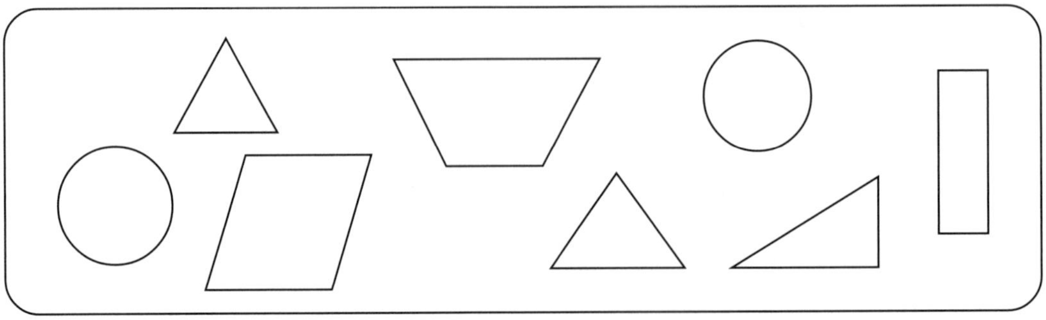

¿Cuál figura "no" está en cada conjunto? Encierra en un círculo la respuesta correcta.

6 Conjunto A

Un | rectángulo | cuadrado |

no está en este conjunto.

7 Conjunto B

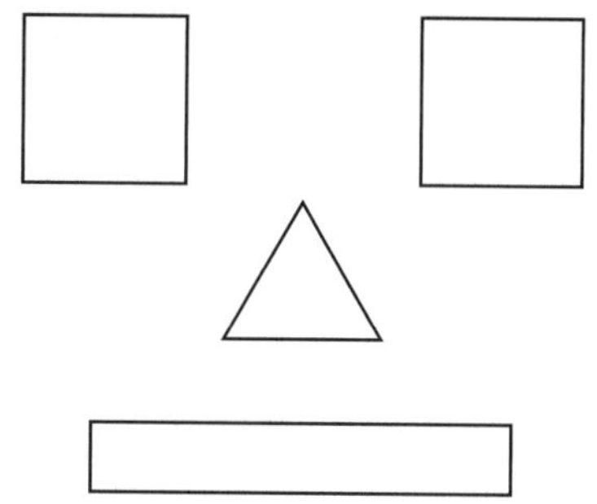

Un | triángulo | círculo |

no está en este conjunto.

Observa las figuras. Clasifica y cuenta cada figura. Luego, completa cada tabla.

8

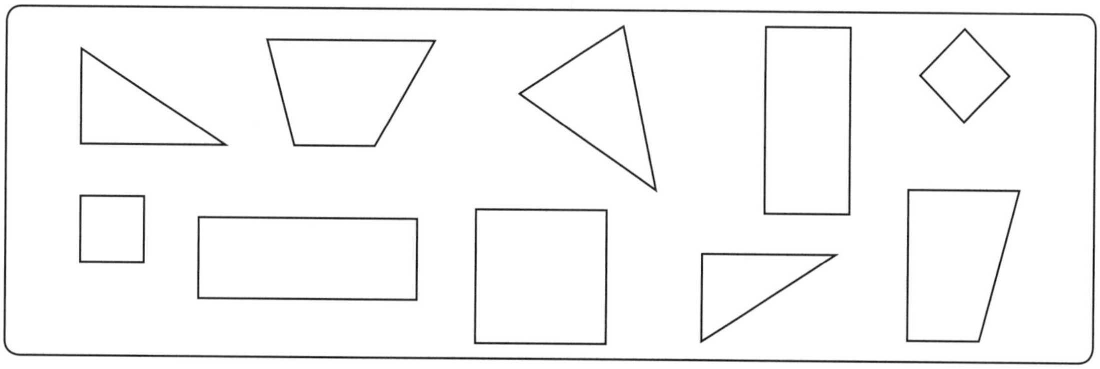

Figura	Número
Triángulo	
Círculo	
Rectángulo	
Cuadrado	

9

Figura	Número
Triángulo	
Círculo	
Rectángulo	
Trapecio	

¿Cómo están agrupadas las figuras?
Escribe la letra correcta en el espacio en blanco.

10

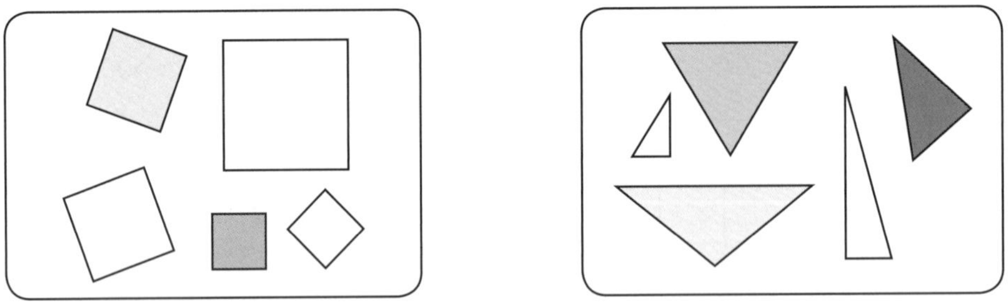

a Por color b Por forma c Por tamaño

____

Clasifica las figuras.
Luego, completa cada tabla con la letra en cada figura.

11

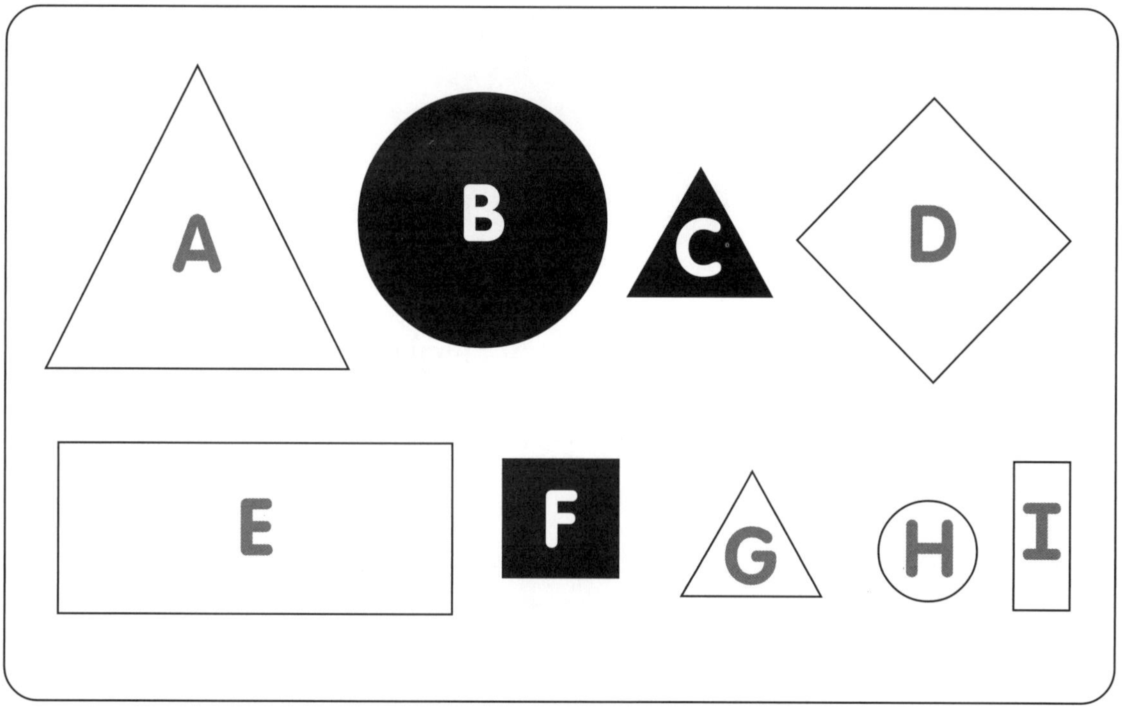

Figura

Círculo	Triángulo	Cuadrado	Rectángulo

Tamaño

Grande	Pequeño

Color

Negro	Blanco

¿Las figuras muestran mitades?
Escribe "Sí" o "No" en cada espacio en blanco.

12 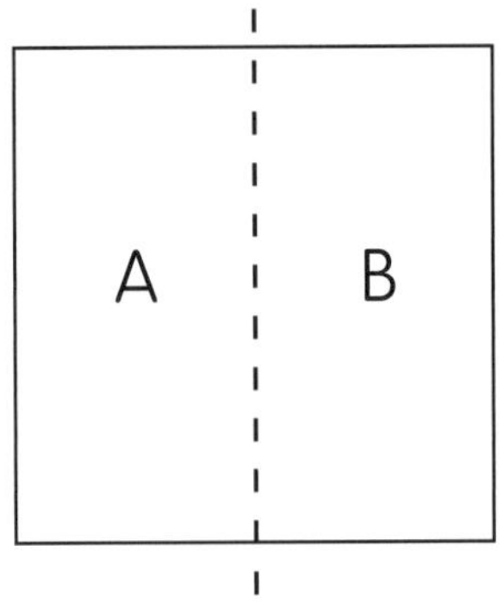

Figuras A y B ____________

13 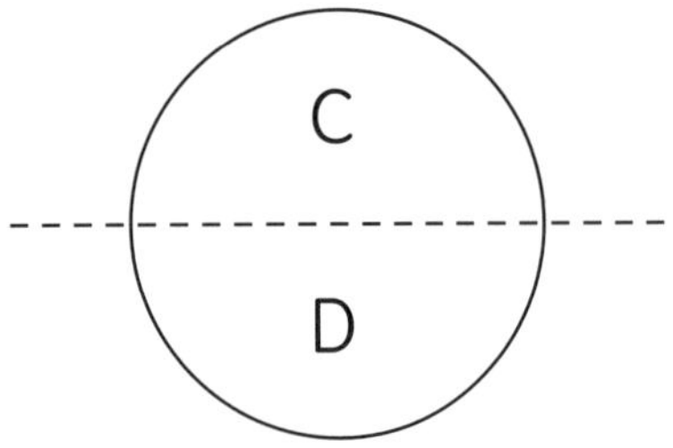

Figuras C y D ____________

14 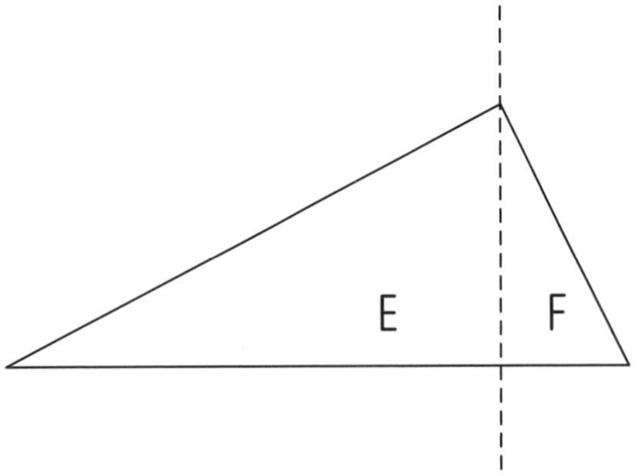

Figuras E y F ____________

Observa el triángulo.
Luego, encierra en un círculo la respuesta correcta para cada enunciado.

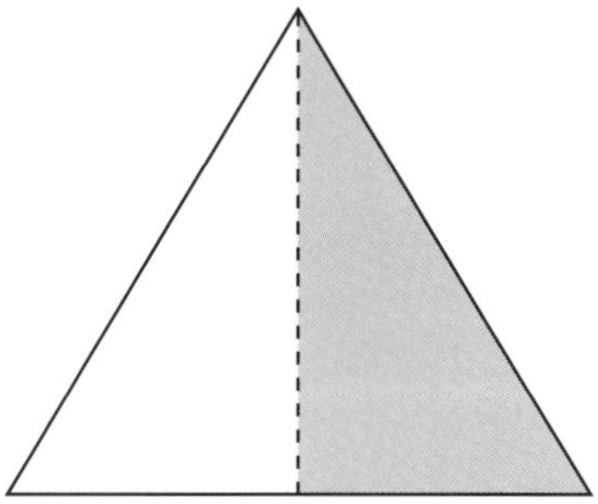

15 El triángulo está formado de | dos | tres | partes iguales.

16 Un | medio | cuarto | del triángulo está sombreado.

Observa el círculo.
Luego, encierra en un círculo la respuesta correcta para cada enunciado.

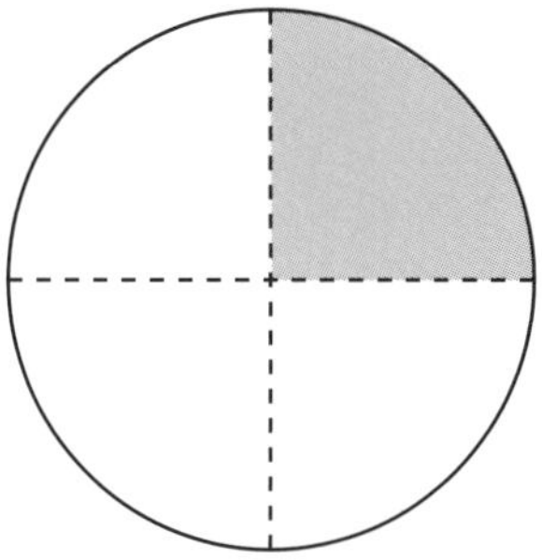

17 El círculo está formado de | tres | cuatro | partes iguales.

18 Un | medio | cuarto | del triángulo está sombreado.

¿Qué rectángulo está cortado en mitades?
Encierra en un círculo "A" o "B".

19

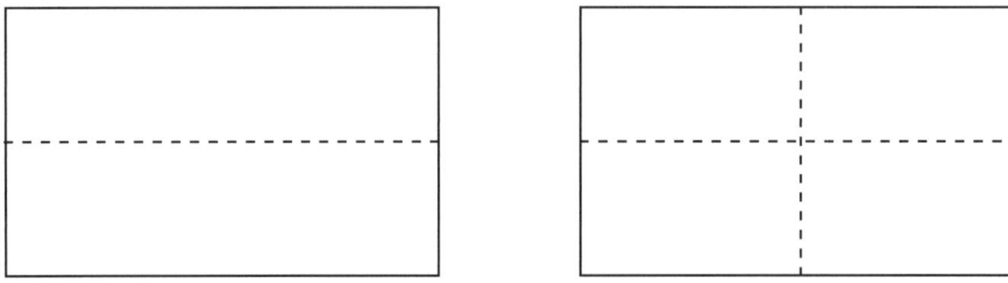

A B

Completa el espacio en blanco.

20 ¿ Qué rectángulo, A o B, en la pregunta **19** tiene partes más grandes?
El rectángulo __________ tiene partes más grandes.

Colorea un cuarto del círculo.

21

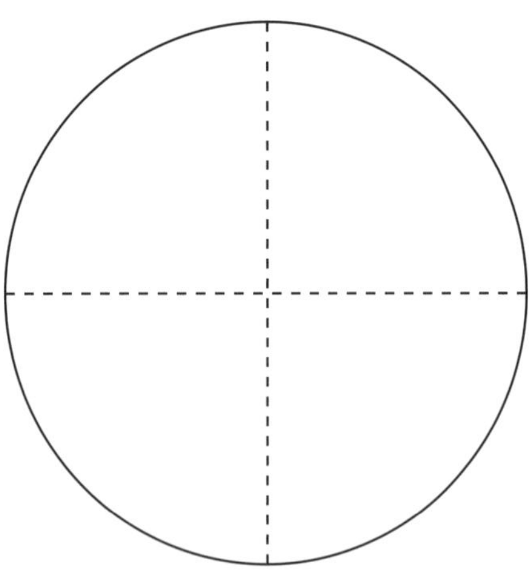

Nombre: ______________________ Fecha: __________

Capítulo 3

Práctica adicional y tarea
Figuras, cuerpos y patrones

Actividad 2 Explorar cuerpos geométricos

Empareja cada figura con su nombre.

1

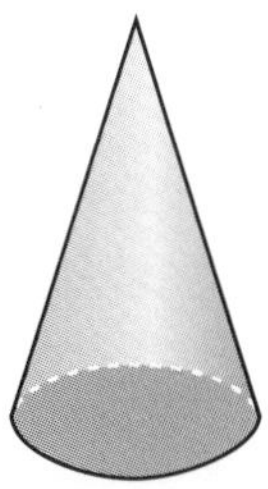	•	•	cubo
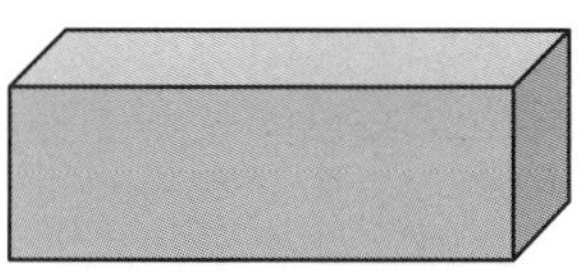	•	•	cono
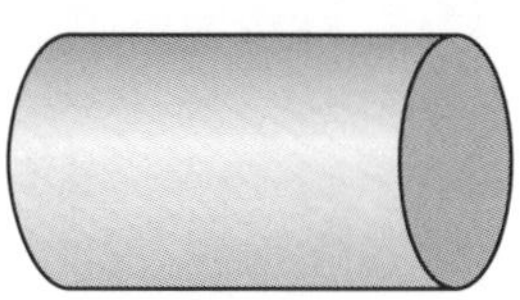	•	•	pirámide
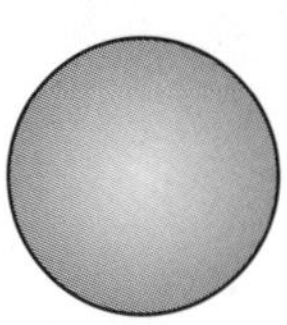	•	•	esfera
	•	•	cilindro
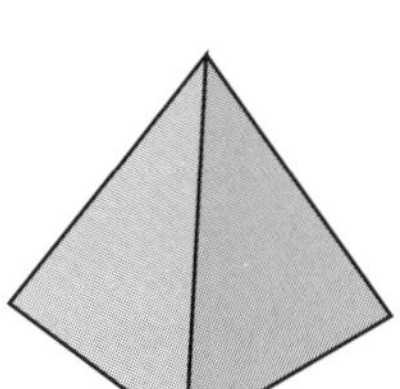	•	•	prisma rectangular

¿Cuáles figuras no son cilindros? Enciérralas en un círculo.

2

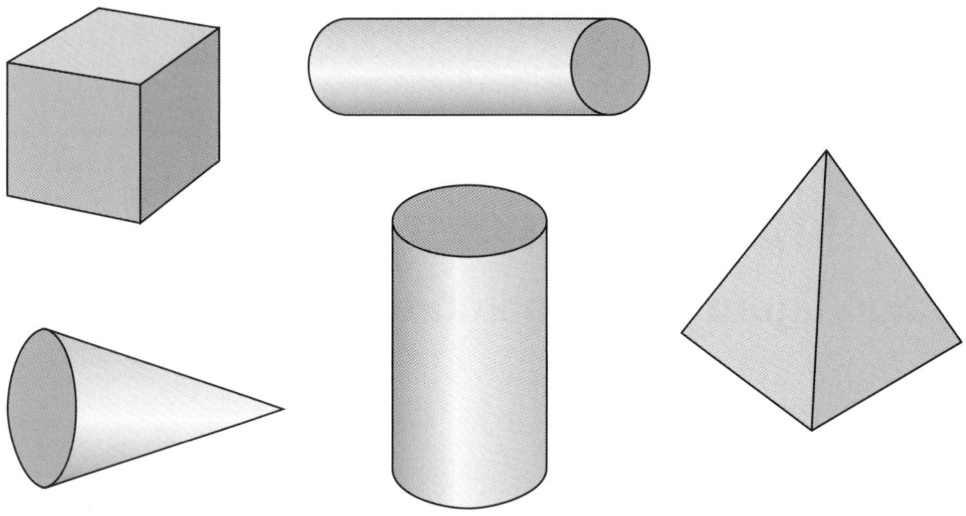

¿Cuáles figuras no son pirámides? Enciérralas en un círculo.

3

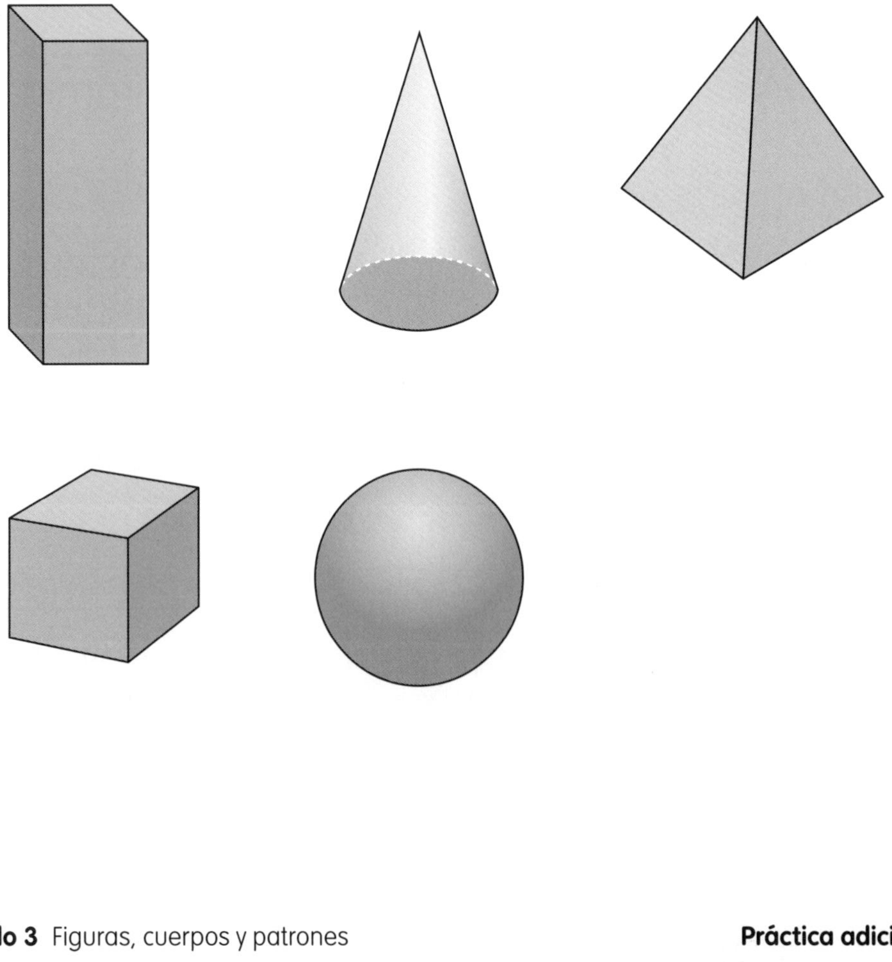

Encierra en un círculo las figuras.

4 Las figuras que puedes apilar.

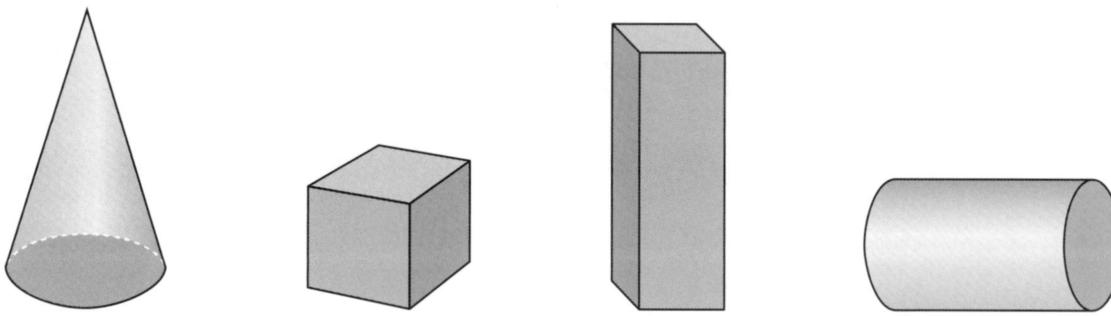

5 Las figuras que puedes deslizar.

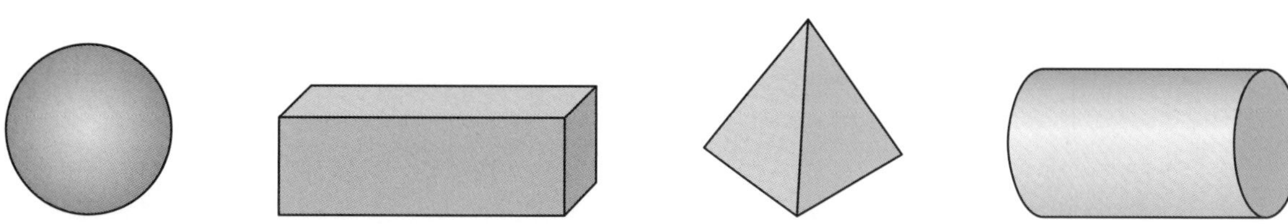

6 Las figuras que puedes rodar.

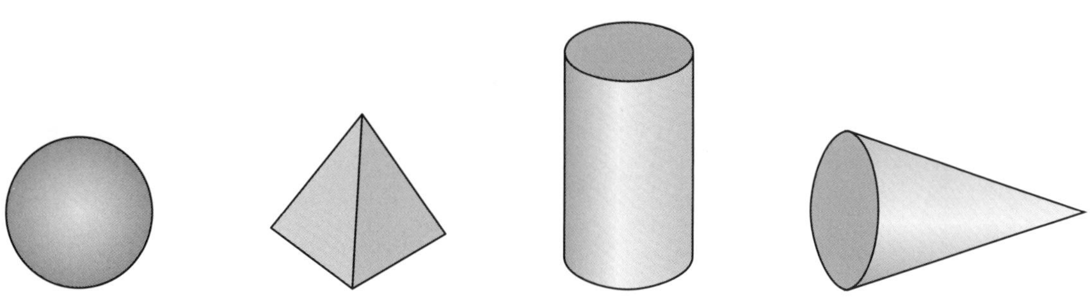

7 La figura que puedes rodar y deslizar, pero no apilar.

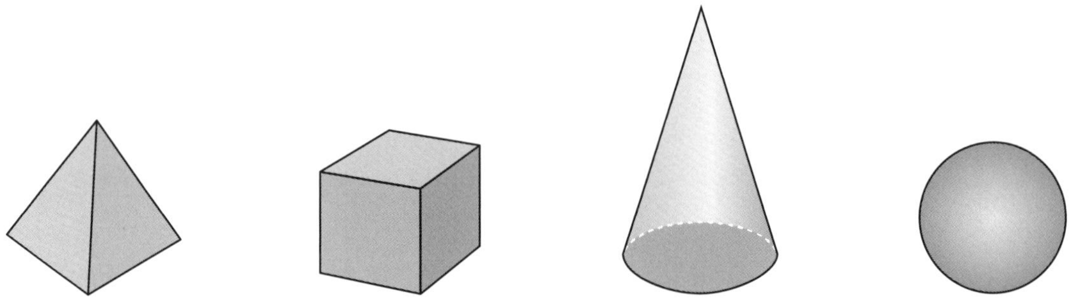

8 La figura que puedes rodar, pero no deslizar ni apilar.

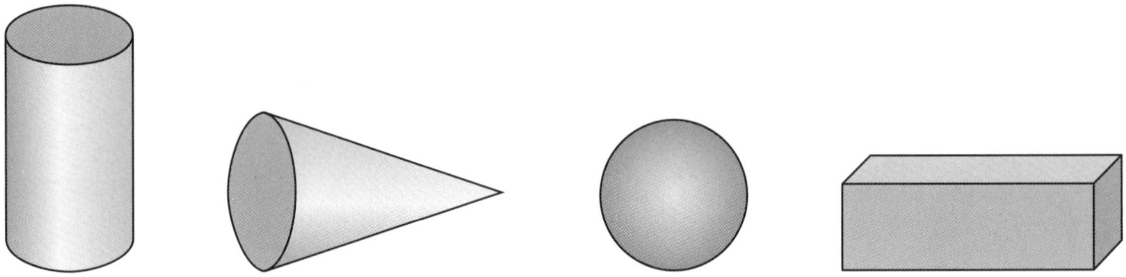

9 La única figura que se puede apilar sobre si misma.

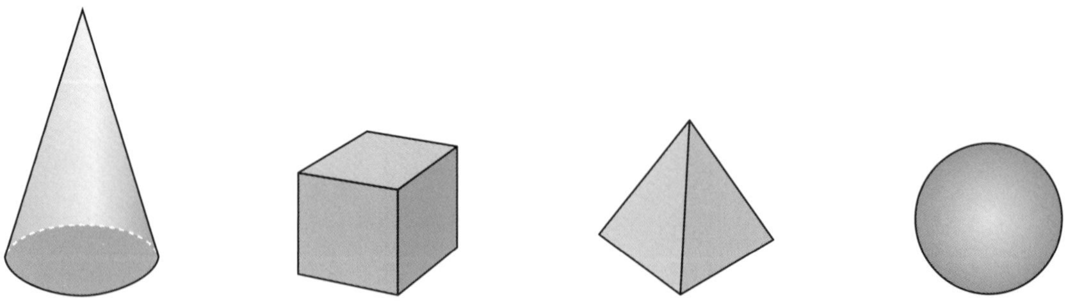

Nombre: ______________________ Fecha: ____________

Práctica adicional y tarea
Figuras, cuerpos y patrones

Actividad 3 Usar figuras para formar ilustraciones y modelos

¿Cuáles figuras puedes usar para hacer nuevas figuras? Enciérralas en un círculo.

1
2

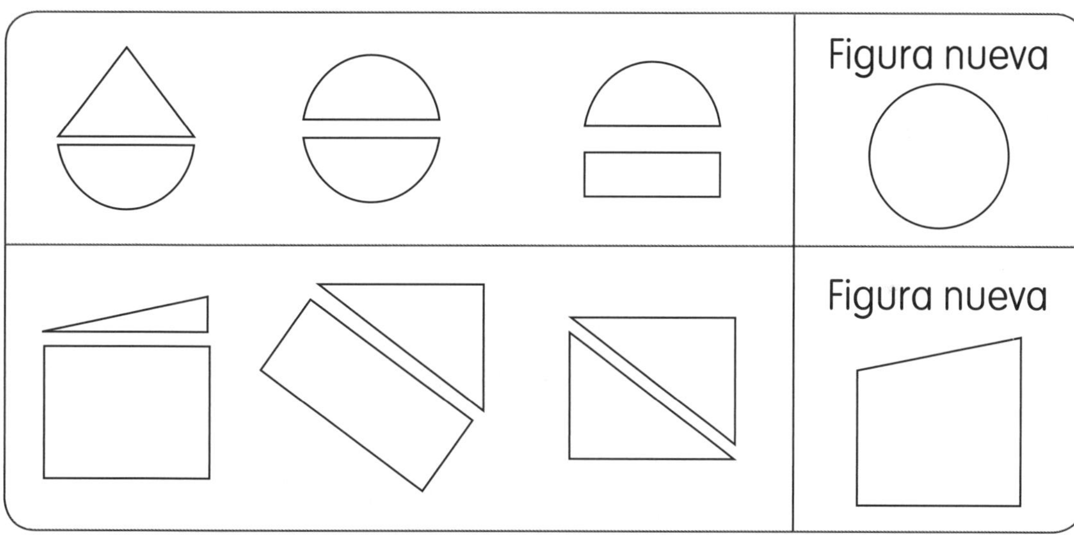

Une las figuras mostradas.
Colorea las nuevas figuras que puedas hacer.

3

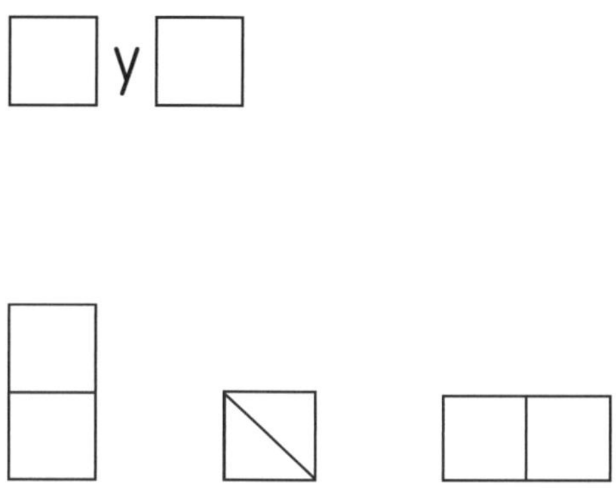

4

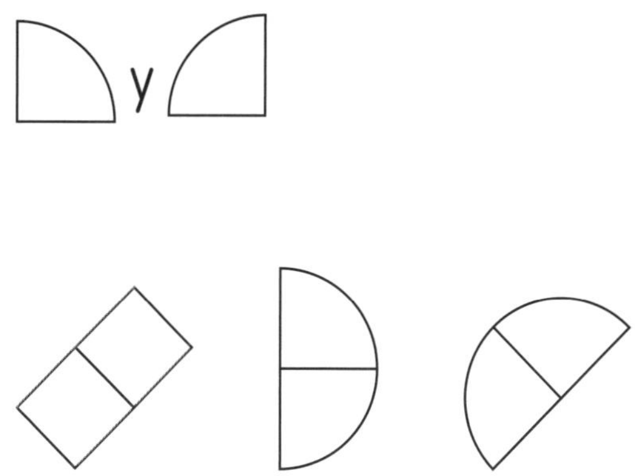

Observa cada ilustración.
Cuenta cada figura.
Luego, completa cada tabla.

5

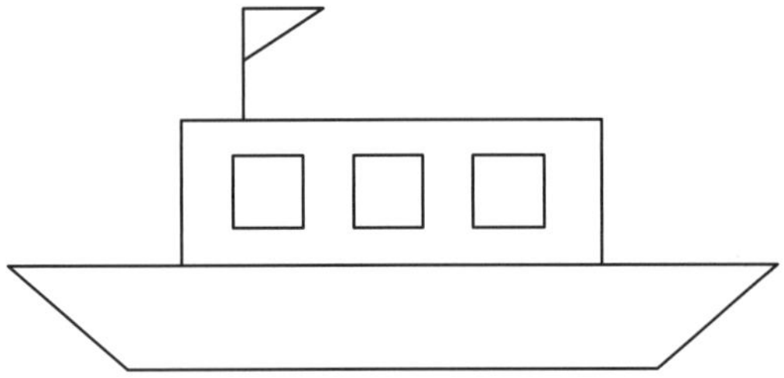

Figura	Número
Triángulo	
Círculo	
Rectángulo	
Cuadrado	
Trapecio	

6

Figura	Número
Triángulo	
Círculo	
Rectángulo	
Cuadrado	
Trapecio	

**Recorta las figuras de abajo y formar una ilustración.
No es necesario utilizar todas las figuras.
Pega la ilustración aquí.**

7

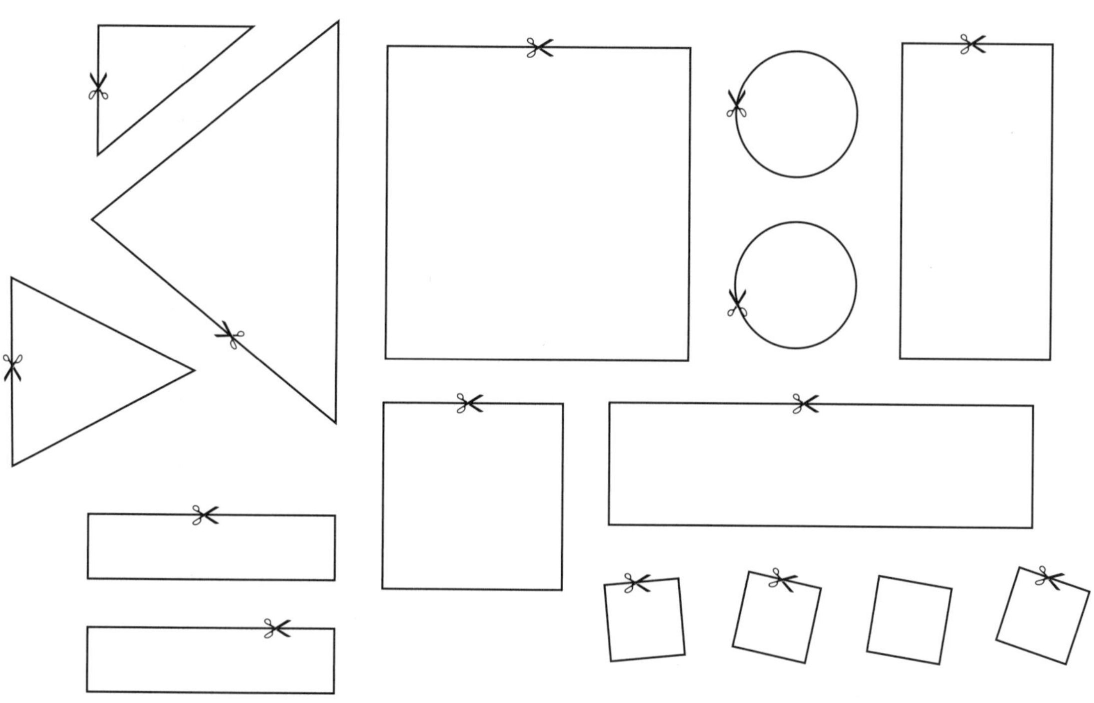

Observa la tabla.
Usa las figuras para formar una ilustración en tu propio papel.
Cuenta cada figura.
Completa la tabla.

8

Figura	Número
△ Triángulo	
⏢ Trapecio	
○ Círculo	
▭ Rectángulo	
□ Cuadrado	

Traza una línea para mostrar las figuras.

Ejemplo

2 cuadrados

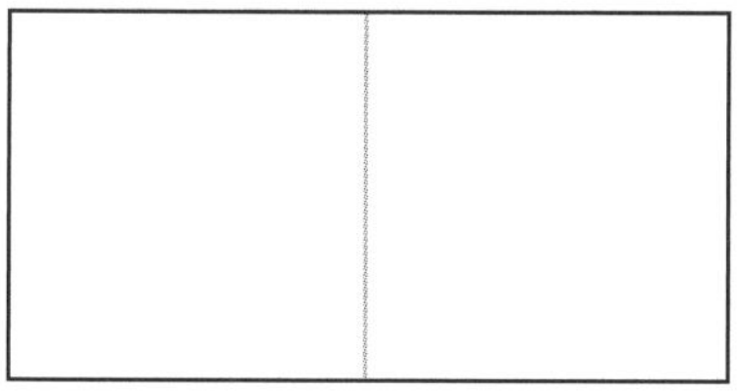

9 2 triángulos

10 1 rectángulo y 1 

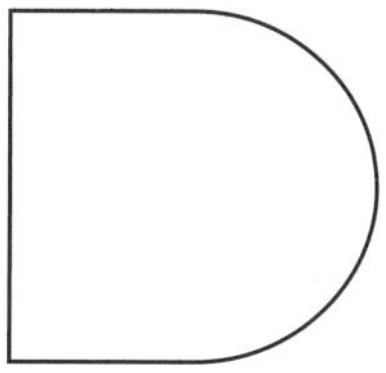

Observa los dos cuerpos geométricos de la izquierda. Colorea el nuevo modelo que puedes hacer con ellos.

11

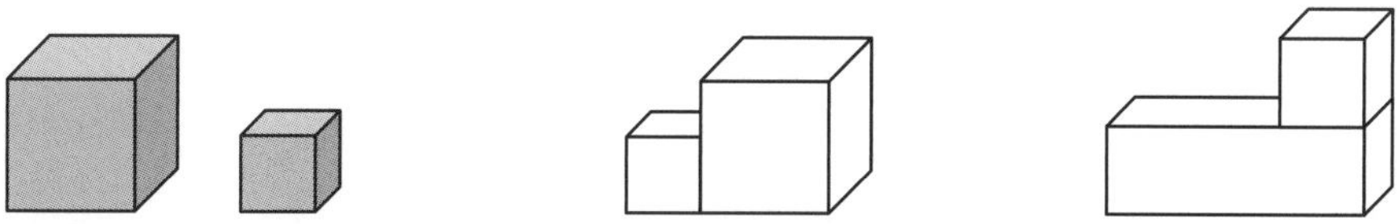

12

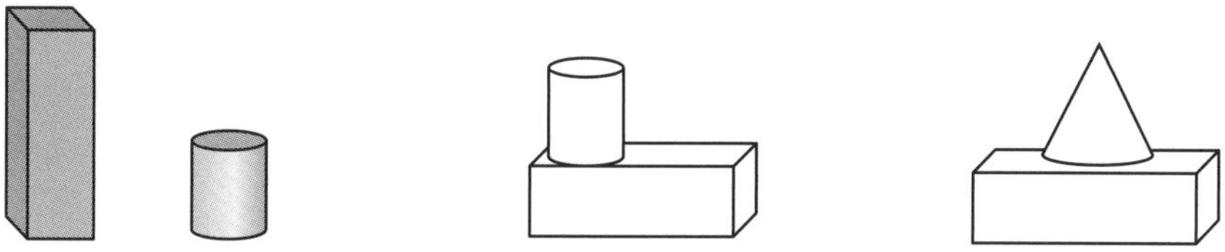

13

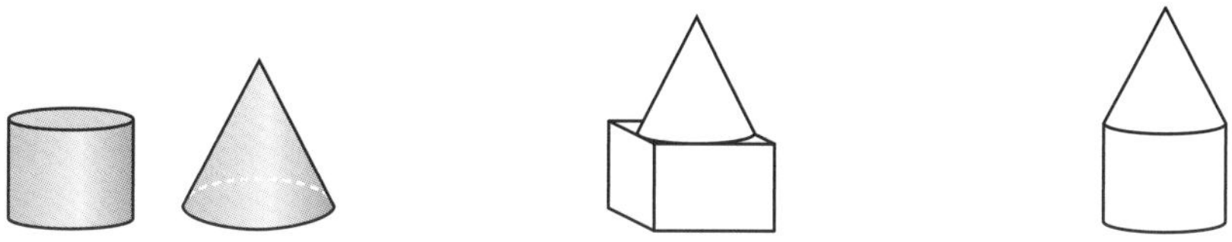

Alan usa algunos cuerpos geométricos para construir una torre.
Encierra en un círculo los cuerpos geométricos que él usa.

14 La torre de Alan

Layla usa algunos cuerpos geométricos para hacer un modelo.
Encierra en un círculo todos los modelos posibles.

15 2 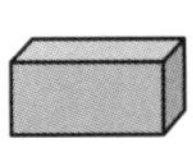 y 2 

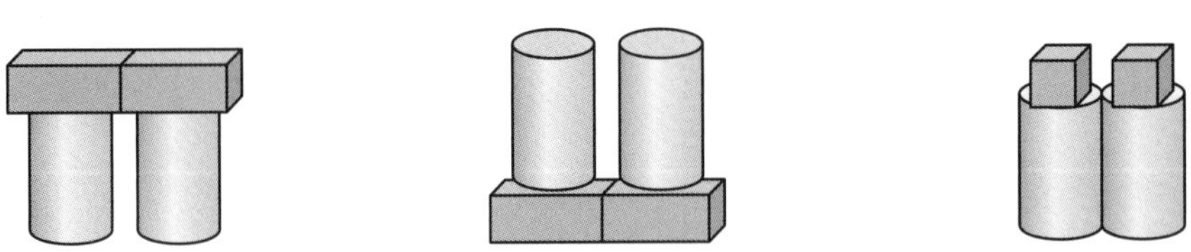

16 2 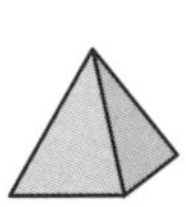 y 2 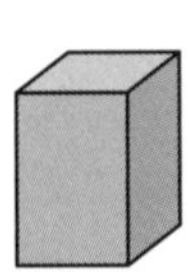

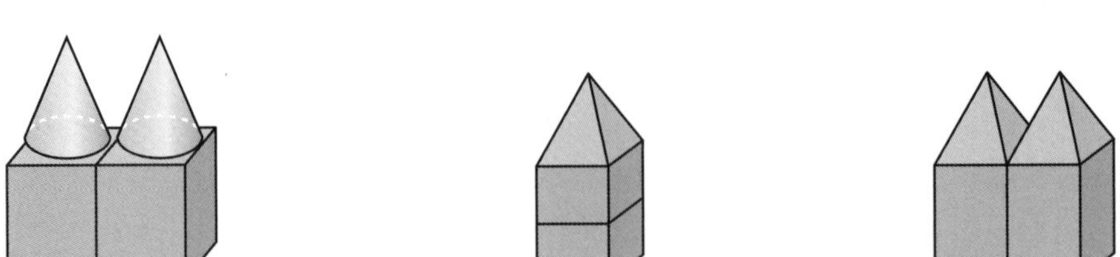

Cole usa algunos cuerpos geométricos para hacer un modelo.
Encierra en un círculo todos los modelos posibles.

17 4 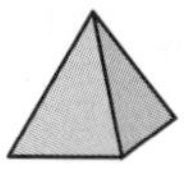 y 4 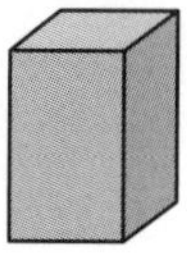

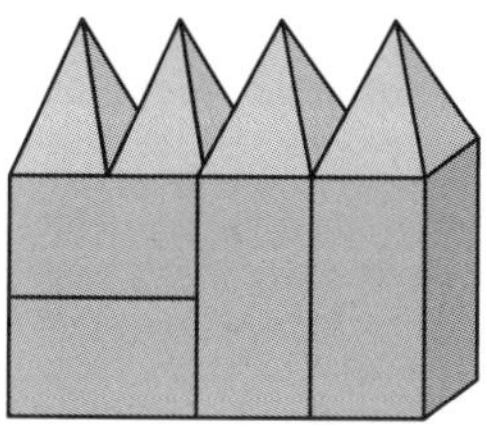

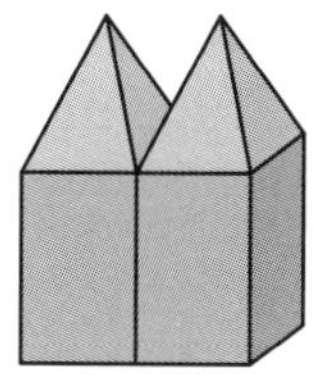

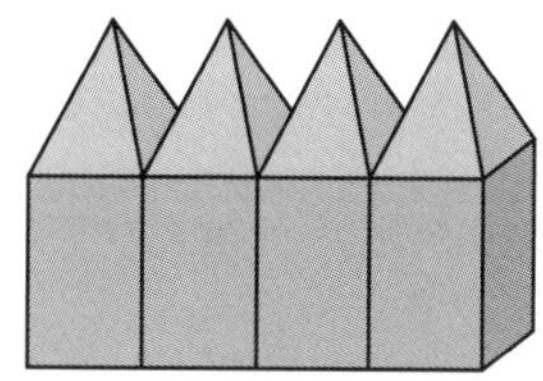

Jasmine quiere construir este modelo.

Colorea y cuenta cada cuerpo geométrico que ella necesita.
Escribe su número en cada espacio en blanco.

18

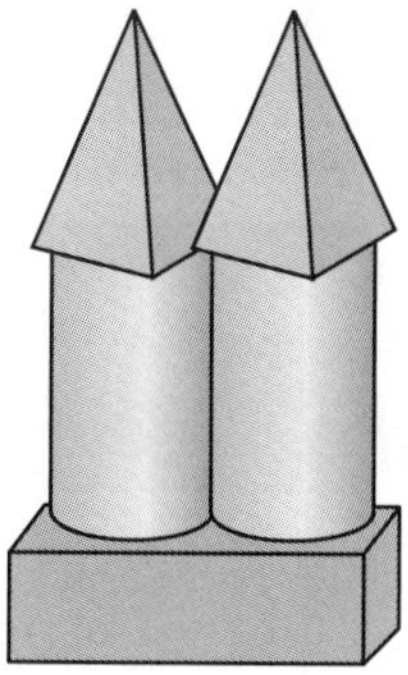

 ________

 ________

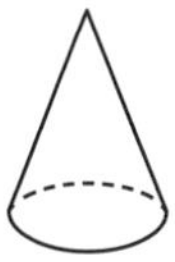 ________

 ________

Observa cada ilustración.
Cuenta cada cuerpo geométrico.
Completa cada tabla.

19

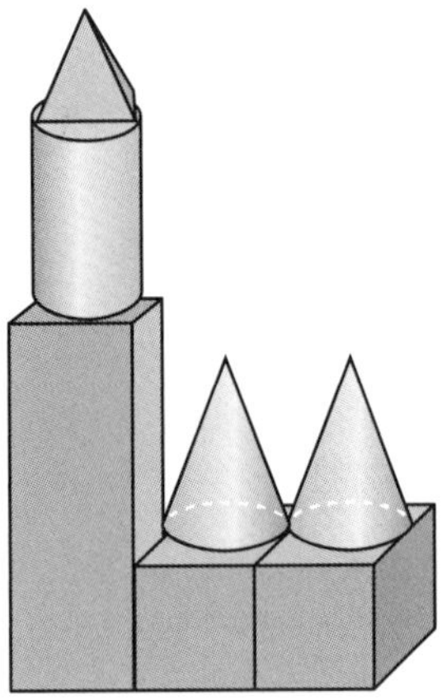

Cuerpo Geométrico	Número
Cilindro	
Prisma rectangular	
Cono	
Cubo	
Pirámide	

20

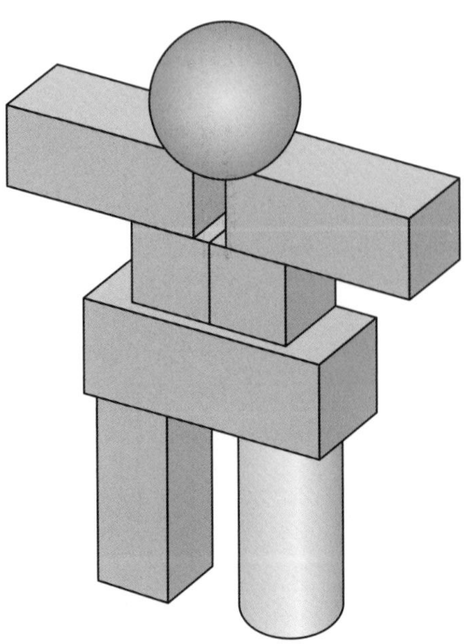

Cuerpo Geométrico	Número
Esfera	
Cilindro	
Prisma rectangular	
Cubo	
Pirámide	

Nombre: ____________________ Fecha: __________

Capítulo 3

Práctica adicional y tarea
Figuras, cuerpos y patrones

Actividad 4 Ver figuras y cuerpos en nuestro entorno

Dibuja la figura de cada objeto.
Luego, colorea cada objeto con el color correcto.

1

- ● Círculos en rojo
- ▲ Triángulos en azul
- ■ Cuadrados en amarillo
- ▬ Rectángulos en verde
- ⏷ Trapezoides en anaranjado

Sara traza cada objeto.
Colorea la figura correcta que ella obtiene.

Ejemplo

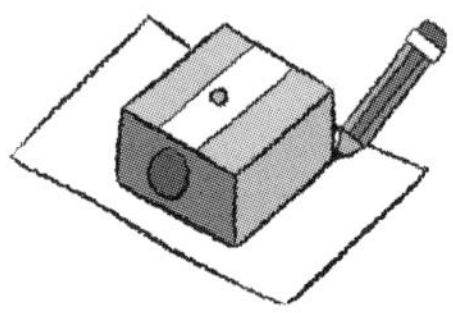
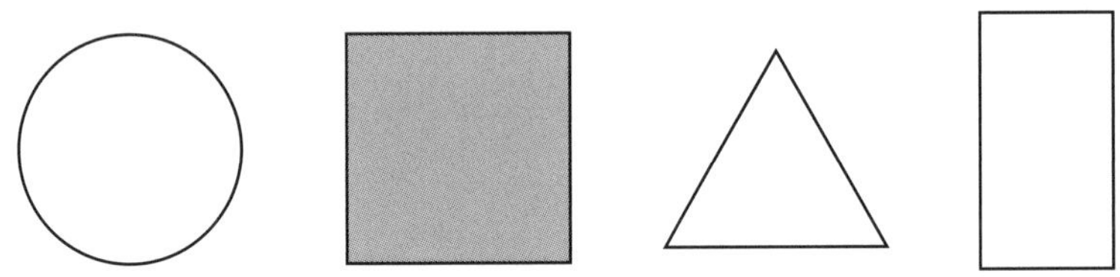

2

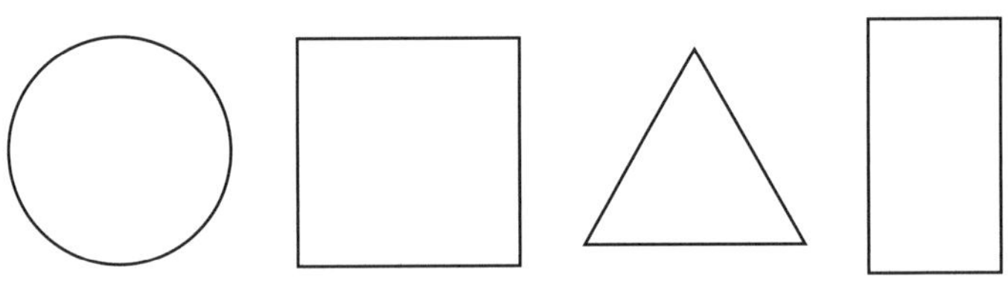

3

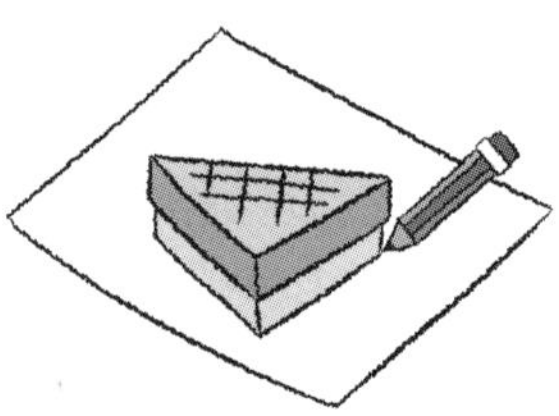
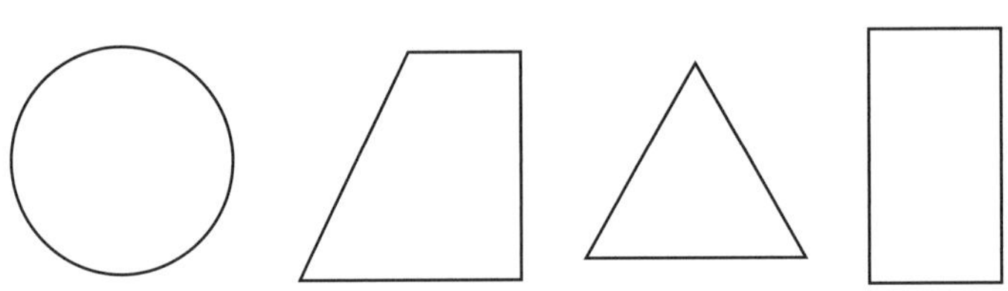

4

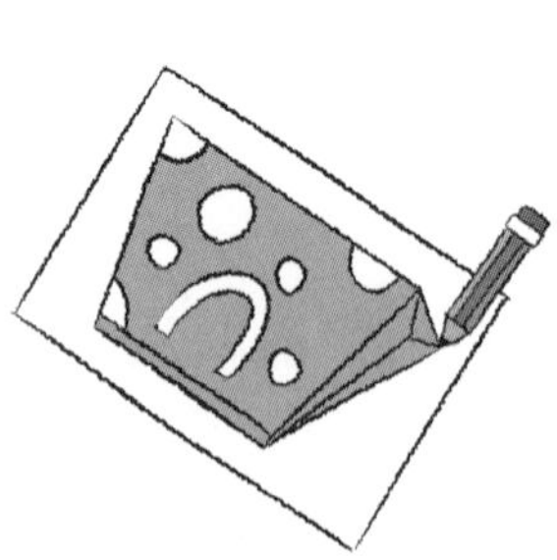
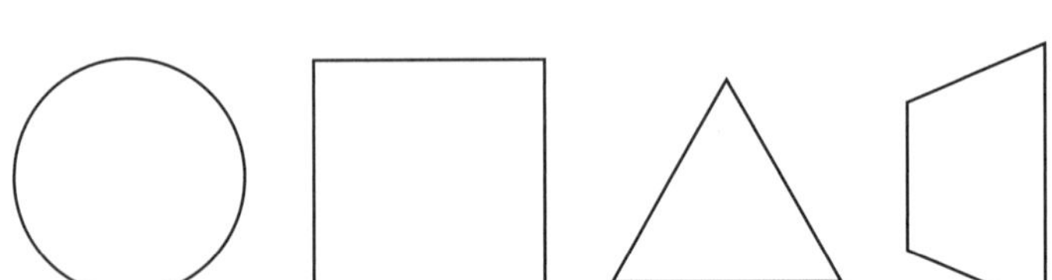

Observa cada ilustración.
Empareja cada ilustración con su figura plana y cuerpo geométrico.

5

rectángulo •

cuadrado •

círculo •

triángulo •

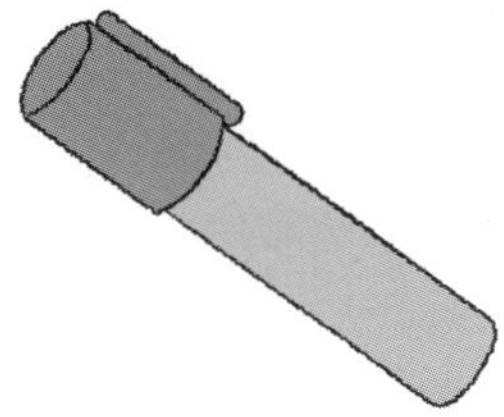

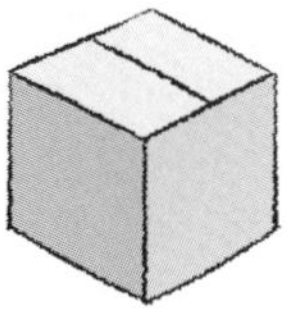

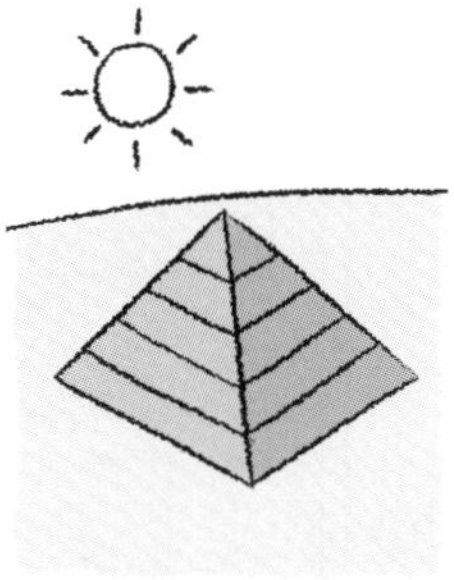

• prisma rectangular

• cubo

• cilindro

• pirámide

Observa la ilustración.
Colorea las figuras con el color correcto.
Luego, responde la pregunta.

6

Figura	Color	Figura	Color
Cubo	Azul	Pirámide	Morado
Esfera	Rojo	Prisma rectangular	Verde
Cono	Amarillo	Cilindro	Anaranjado

¿Qué figura no está en la ilustración? ______________

Nombre: ______________________ Fecha: ____________

Práctica adicional y tarea
Figuras, cuerpos y patrones

Actividad 5 Usar figuras planas para formar patrones

Observa cada patrón.
Encierra en un círculo la figura que sigue.

Ejemplo

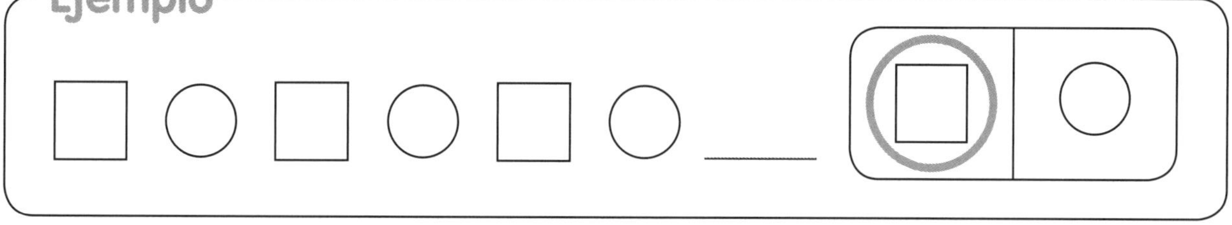

1 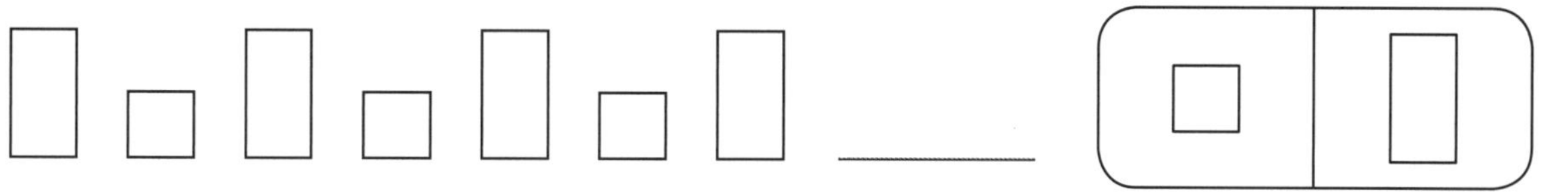

2 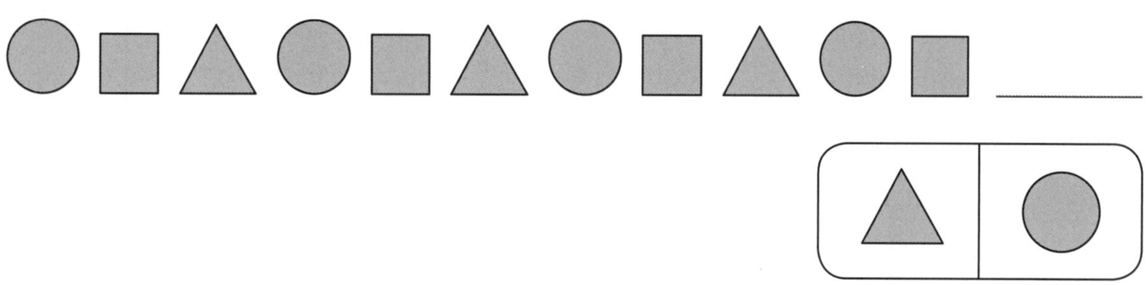

3 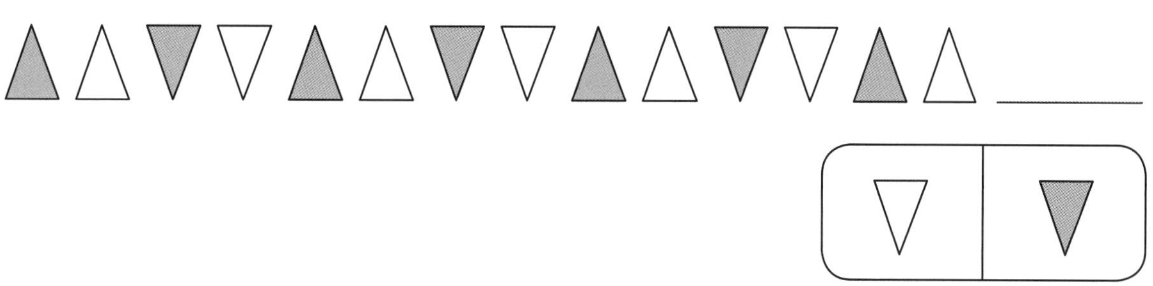

Observa cada patrón.
Encierra en un círculo la figura que sigue.

Ejemplo

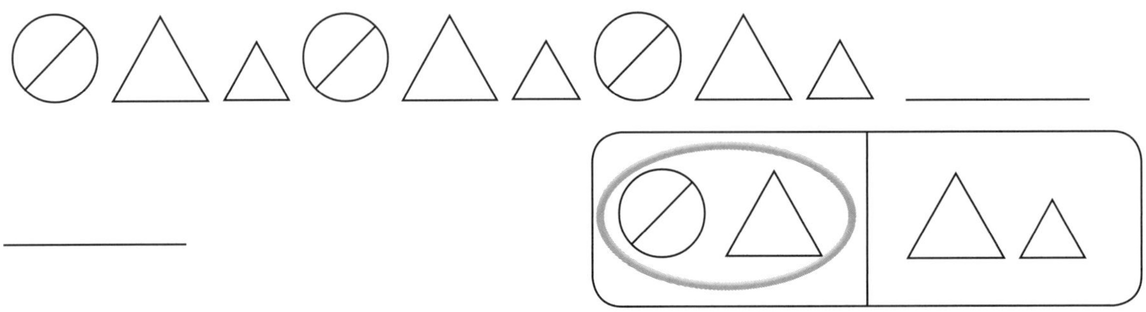

4

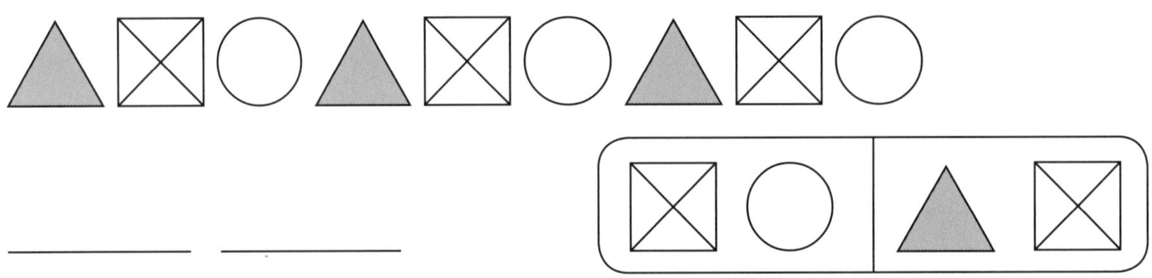

5

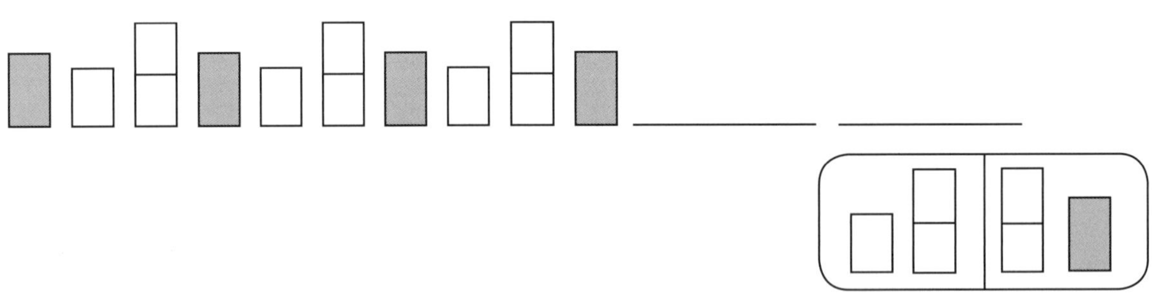

6

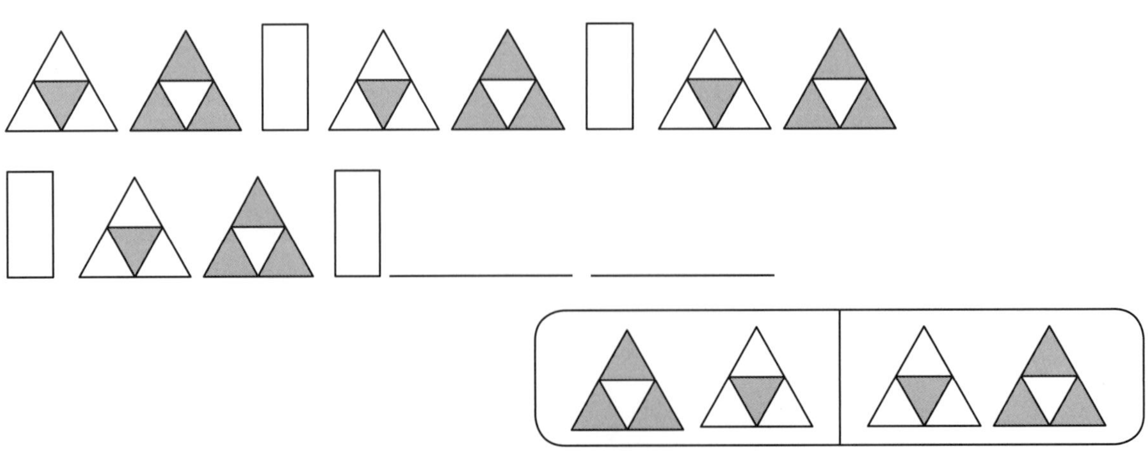

Recorta las figuras de abajo.
Forma dos patrones con un cambio en color o forma.
No es necesario utilizar todas las figuras.

7 Pega tu primer patrón aquí.

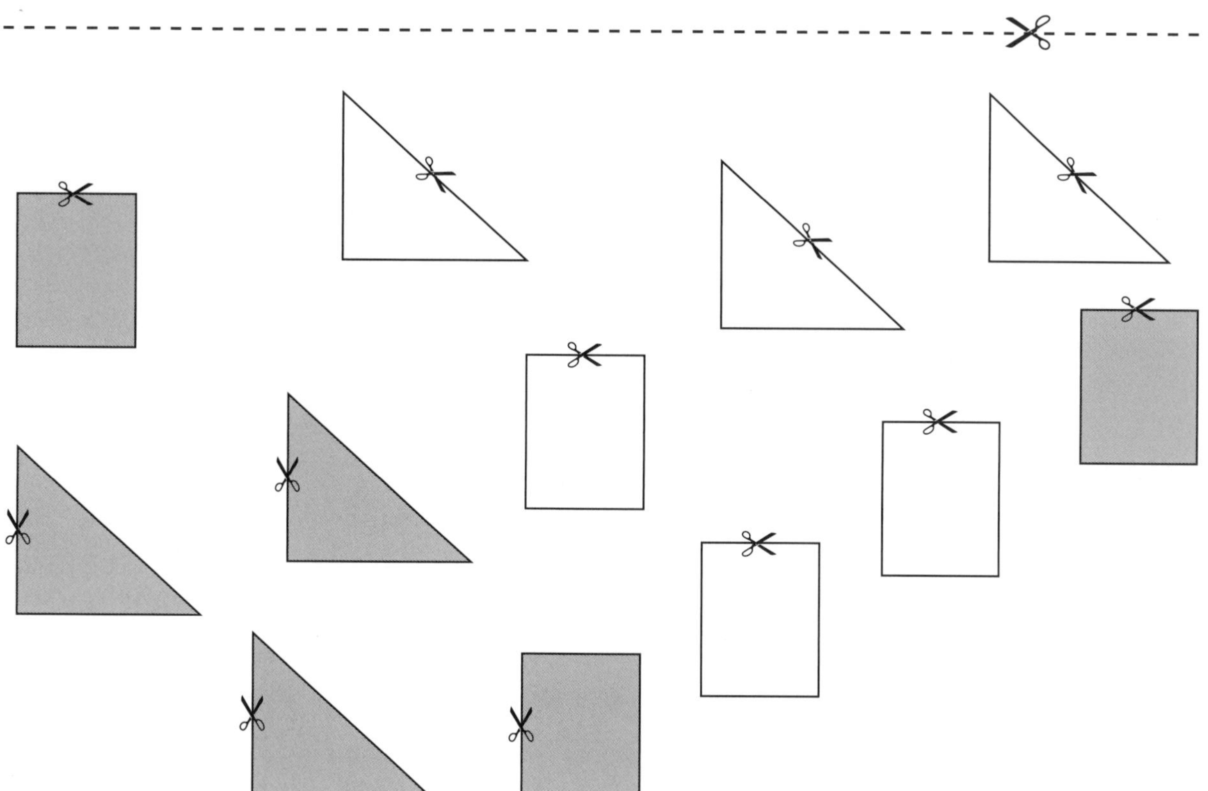

8 Pega tu segundo patrón aquí.

Nombre: ______________________________ Fecha: ______________

Práctica adicional y tarea
Figuras, cuerpos y patrones

Actividad 6 Usar cuerpos geométricos para formar patrones

Observa cada patrón.
Encierra en un círculo el cuerpo geométrico que sigue.

1. 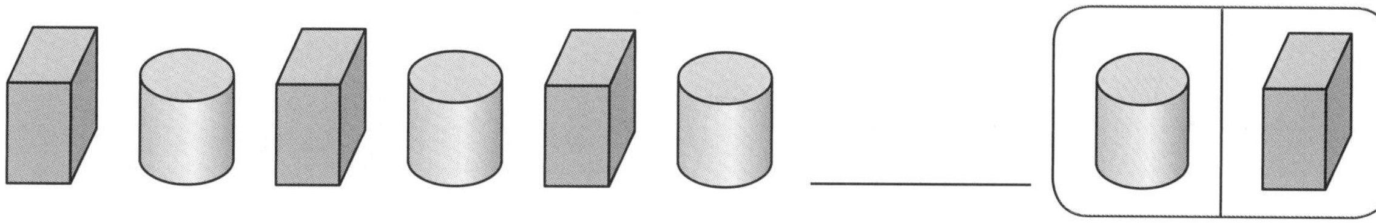

2. 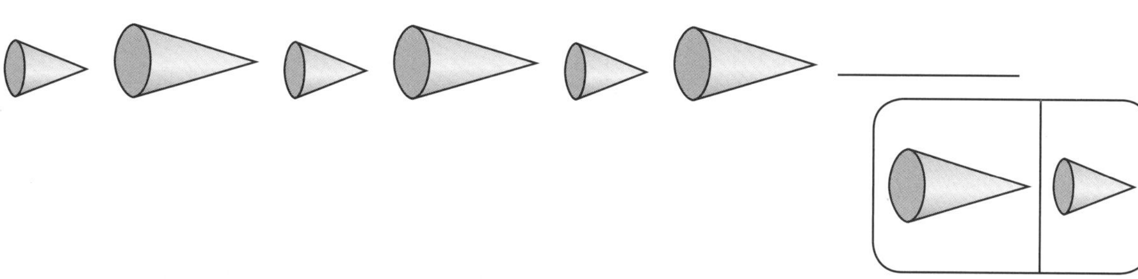

3. 

4. 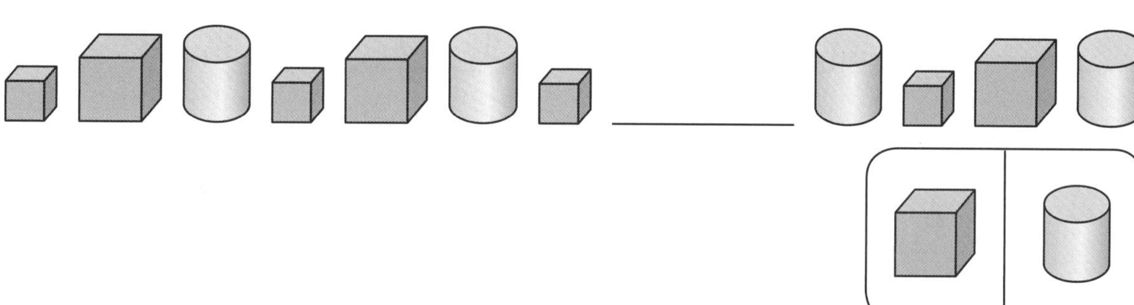

Encierra en un círculo el error en cada patrón. Luego, escribe la letra de la figura correcta.

Ejemplo

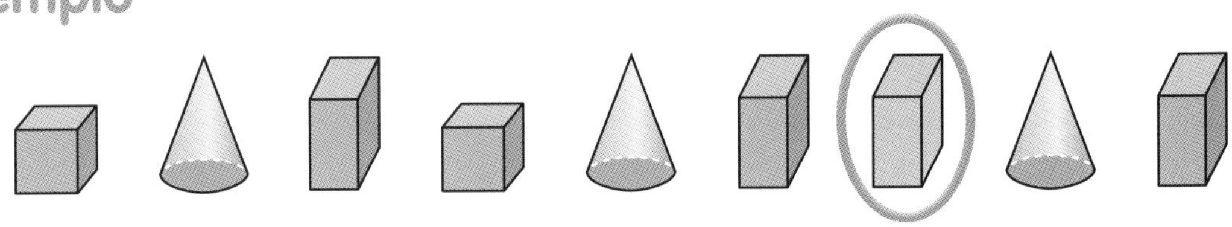

A 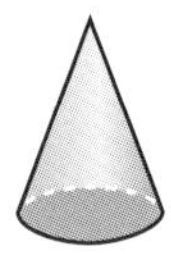 B 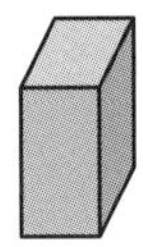 C 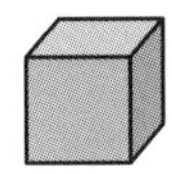

C

5

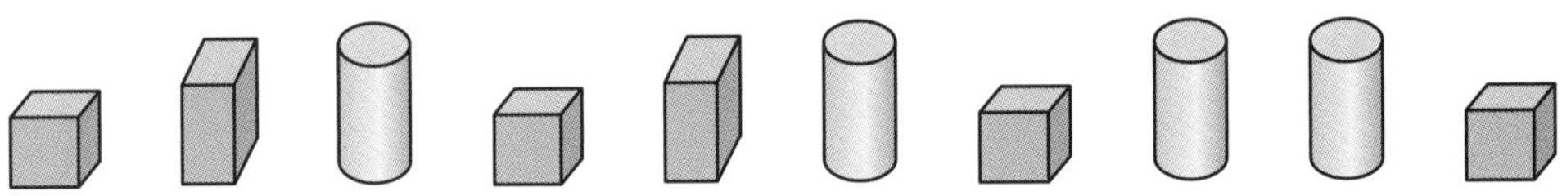

A 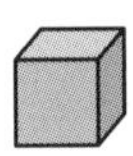 B 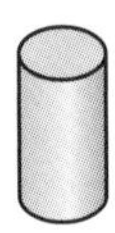 C 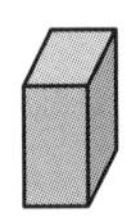

____

6

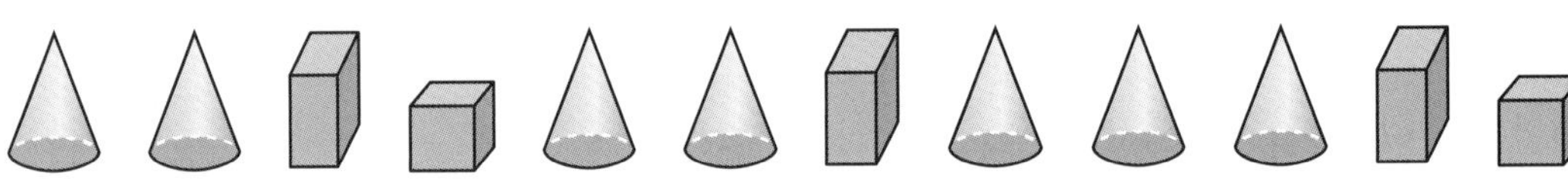

A 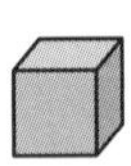 B  C 

____

7

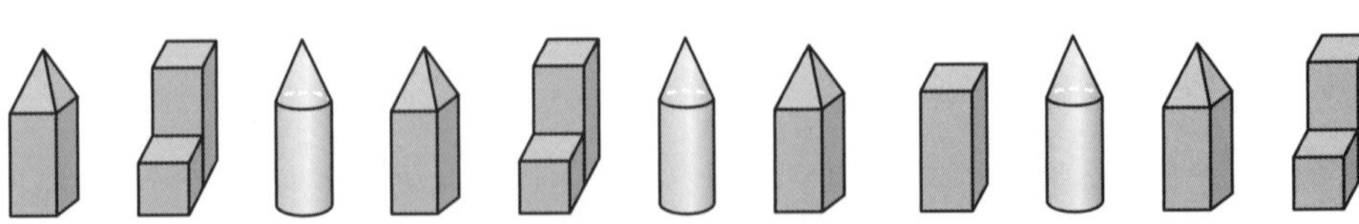

A  B  C 

____

Nombre: ______________________ Fecha: __________

DIARIO DE MATEMÁTICAS

1 Hábito para matemáticas 6 Usar lenguaje matemático preciso

a Elige dos objetos.
Enciérralos en un círculo.

pelota

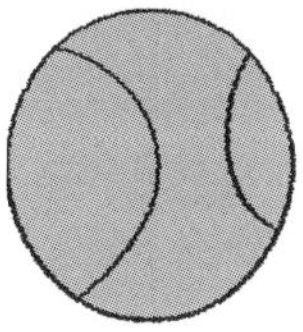

sacapuntas

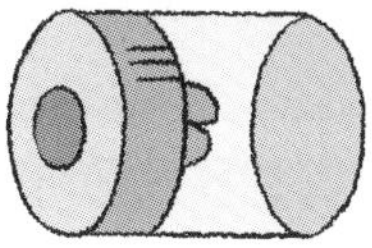

jabón

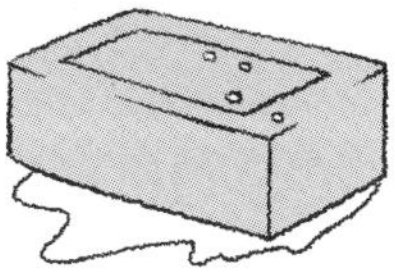

sombrero de fiesta

Ahora, completa cada espacio en blanco.
Usa las palabras en el recuadro como ayuda.

cilindro esfera cubo cono pirámide prisma rectangular apilando deslizando rodando tamaño figura

b El / La ____________ tiene la forma de un ____________.

c El / La ____________ tiene la forma de un ____________.

d Puedo mover el / la ____________ ____________.

e Puedo mover el / la ____________ ____________.

Completa cada enunciado.

f Mis objetos son parecidos porque ____________________
____.

g Mis objetos son diferentes porque ______________________________

____.

2 Lee los enunciados y forma este patrón.

- Las figuras de este patrón son planas.
- Las figuras de este patrón son parecidas.
- Los tamaños de las figuras son diferentes.

¡DESAFÍA TU MENTE!

1 **Hábito para matemáticas 2** **Usar el razonamiento matemático**

Ava, Brody, Diego y Ethan tienen algunas figuras.
Halla quién tiene cada conjunto.

- Ava tiene menos círculos que Diego.
- Todas las figuras de Brody tienen tres o cuatro lados.
- Diego tiene cuatro tipos de figuras.
- Ethan no tiene cuadrados.

Escribe el nombre que empareja con cada conjunto.

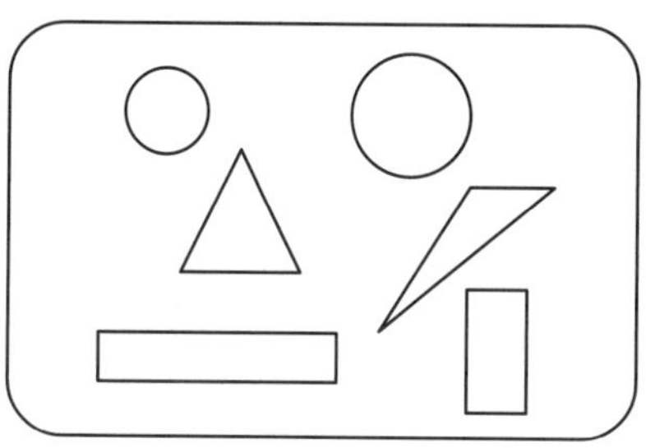

____

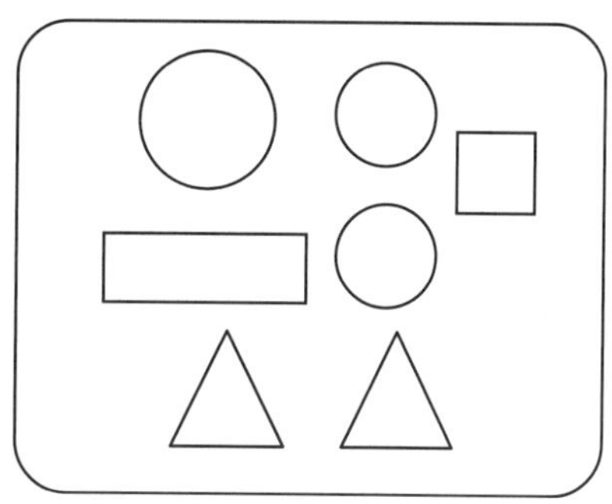

____

____

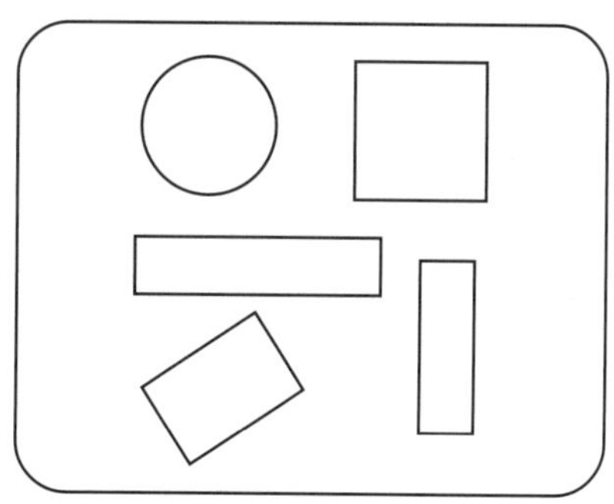

____

¡DESAFÍA TU MENTE!

2 **Hábito para matemáticas 7** **Usar la estructura**

Recorta las figuras de la siguiente página.
Pega las figuras recortadas para ajustarlas a cada ilustración de abajo.

a

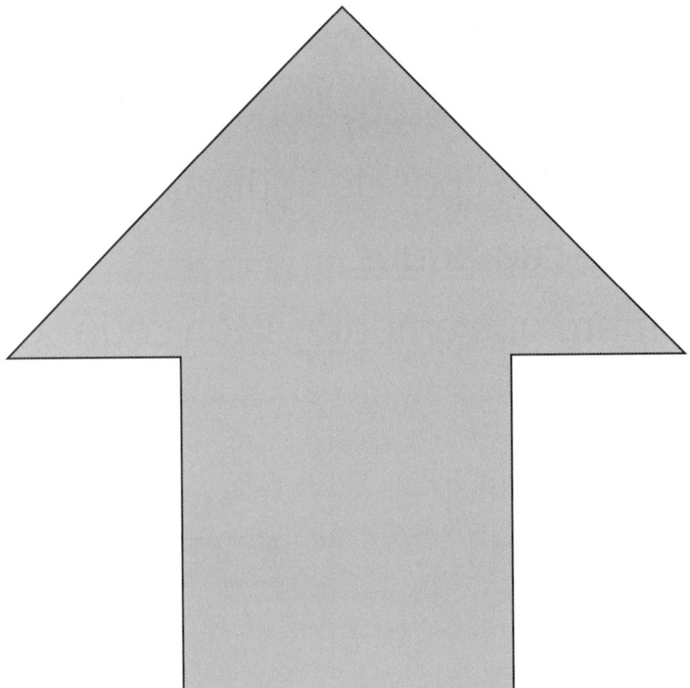

b

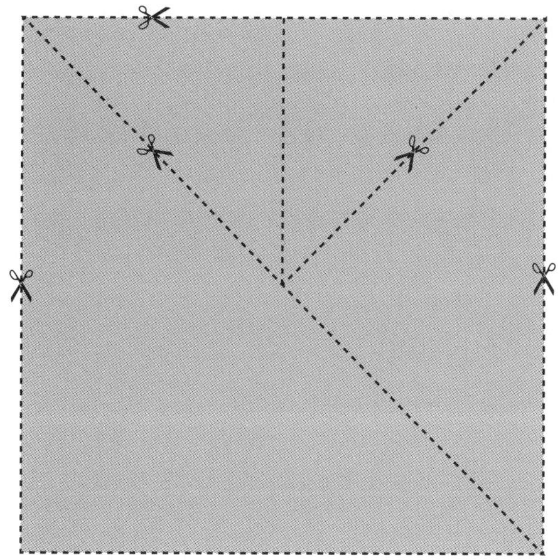

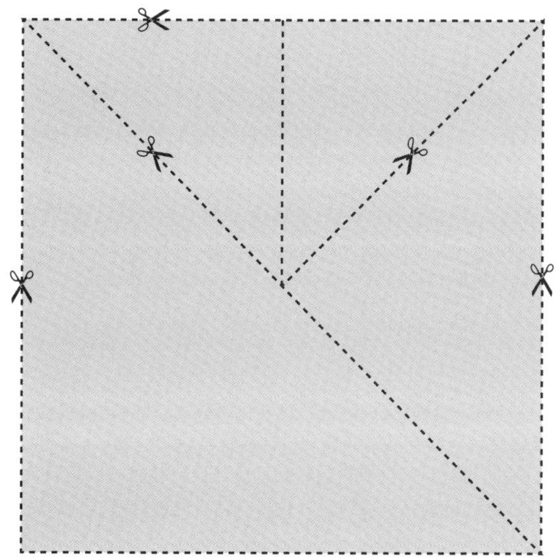

PÁGINA EN BLANCO

CONEXIONES DE LA ESCUELA A LA CASA

Capítulo 4

Números hasta el 20

Estimada familia:

En este capítulo, su hijo trabajará con números hasta el 20. Las habilidades que practicará son las siguientes:

- contar hacia delante del 10 al 20
- leer y escribir del 11 al 20 en números y en palabras
- usar una tabla de valor posicional para indicar los números hasta el 20
- comparar y ordenar números hasta el 20
- encontrar los números que faltan en un patrón numérico

Práctica matemática

Al terminar el capítulo, realice con su hijo estas actividades, que le servirán para reforzar su sentido numérico.

Actividad 1

- Escriba los números del 1 al 20 en tarjetas separadas.
- Baraje las tarjetas y extiéndalas bocabajo.
- Pida a su hijo que tome una tarjeta y que lea en voz alta el número, mientras usted hace otro tanto.
- Pídale que determine si su número es mayor o menor que el de usted.
- Repitan varias veces la actividad.

Actividad 2

- Escriba los números del 1 al 20 en tarjetas separadas.
- En otras tarjetas, escriba las preguntas "¿Qué número es mayor?" y "¿Qué número es menor?"
- Baraje las tarjetas con los números y extiéndalas boca abajo.
- Baraje las tarjetas con las preguntas y extiéndalas bocabajo.
- Tome dos tarjetas de números y léalas en voz alta.
- Tome una tarjeta de pregunta y léala en voz alta.
- Responda la pregunta con las tarjetas de números.
- Regrese las tarjetas y ceda el siguiente turno a su hijo.

Charla de matemáticas

Tome el siguiente ejemplo para analizar con su hijo cómo se comparan los números. En su conversación, use los términos **mayor que** y **menor que**.

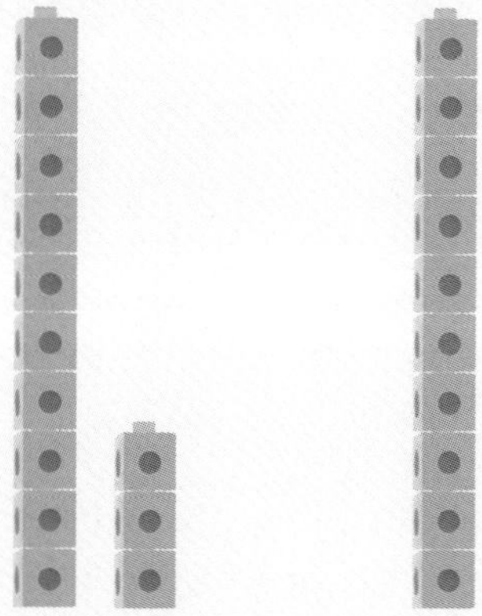

13 es mayor que 10.

10 es menor que 13.

PÁGINA EN BLANCO

Nombre: ______________________ Fecha: ____________

Práctica adicional y tarea
Números hasta el 20

Actividad 1 Contar hasta el 20

Cuenta.
Escribe el número en cada espacio en blanco.

1. 

____

2. 

____

3. 
____

Encierra en un círculo para formar 10.
Luego, cuenta hacia delante.
Escribe el número en cada espacio en blanco.

4

______

5

______

6

______

Completa cada espacio en blanco.

7 

10 y 3 forman ________.   10 + 3 = ________

8 

10 y 9 forman ________.   10 + 9 = ________

9 10 y 2 forman ________.

10 + 2 = ________

10 10 y 7 forman ________.

________ + ________ = ________

Encierra en un círculo para formar 10.
Luego, cuenta hacia delante.
Escribe cada uno en número y en palabra.

11

En número __________ En palabra ______________

12

En número __________ En palabra ______________

13

En número __________ En palabra ______________

Descifra cada palabra.
Luego, escríbela en palabra y en número.

Ejemplo

	En palabra	En número
ccooiiedh	dieciocho	18

		En palabra	En número
14	encuiq	________inc___	
15	éciediiis	___i________éis	
16	enco	_______ce	

Empareja.

17

19 • • 10 y 8

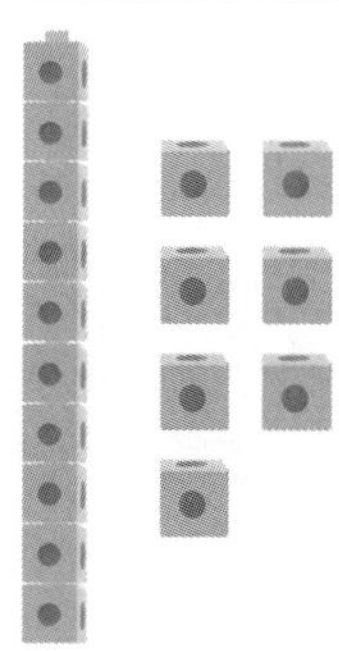

10 + 6 • •

• • 16

• •

Hay un error en cada rompecabezas.
Encuentra cada error y enciérralo en un círculo.
Luego, corrige el error en cada uno.

Ejemplo

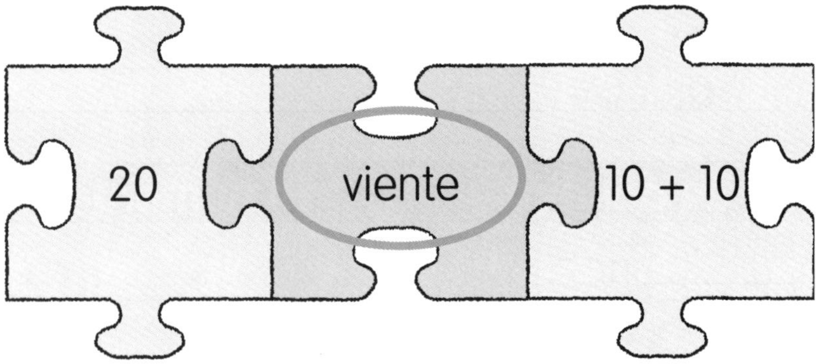

veinte

18

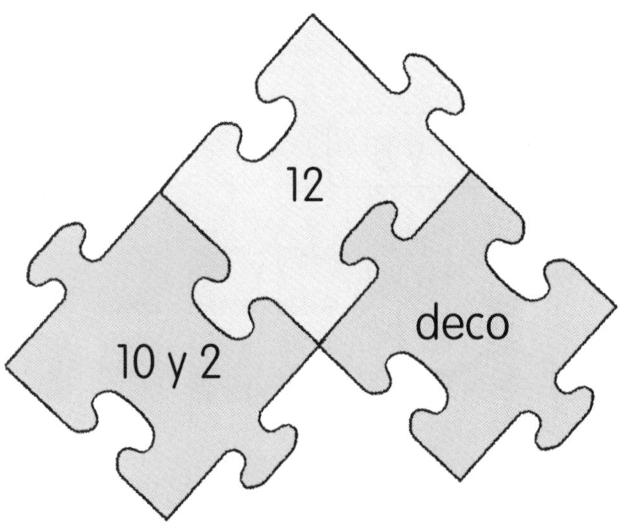

______

19

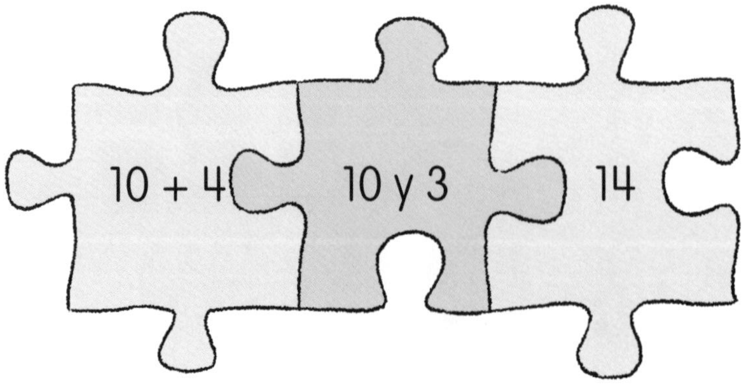

______

Nombre: ______________________ Fecha: __________

Práctica adicional y tarea
Números hasta el 20

Actividad 2 Valor posicional

Escribe cada número que falta.

1 

______ decena ______ unidades

Decenas	Unidades

Observa cada tabla de valor posicional.
¿El número de  y  empareja con el número de abajo?
Colorea el recuadro con el enunciado correcto.

2

Decenas	**Unidades**
1	1

El par empareja.
El par no empareja.

3

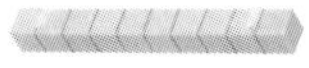	
Decenas	**Unidades**
1	7

El par empareja.
El par no empareja.

4

Decenas	**Unidades**
1	5

El par empareja.
El par no empareja.

Escribe cada número que falta.

5 20 = 2 decenas ________ unidades

6 ________ = 1 decena 1 unidad

Empareja.

7

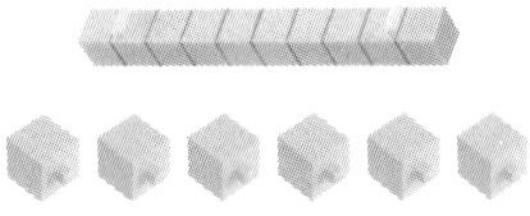 • •

Decenas	Unidades
1	3

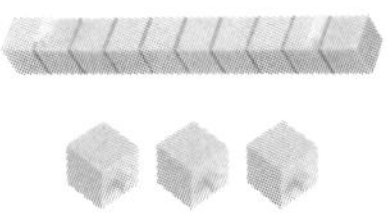 • •

Decenas	Unidades
1	2

 • •

Decenas	Unidades
1	6

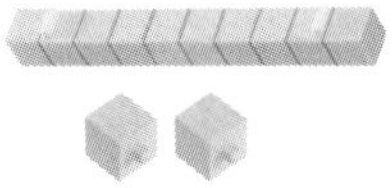 • •

Decenas	Unidades
1	8

Cuenta los huevos.
Escribe el número en el espacio en blanco.

8 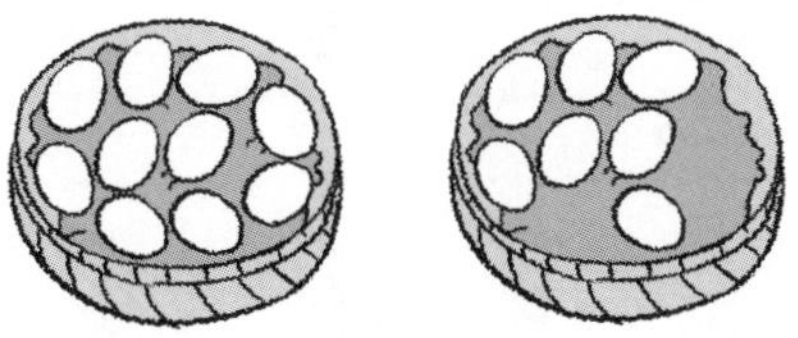

____

¿Cuál muestra el mismo número?
Encierra en un círculo los que muestran el mismo número.

10 + 7

diecisiete

10 + 8

1 decena 7 unidades

10 y 7

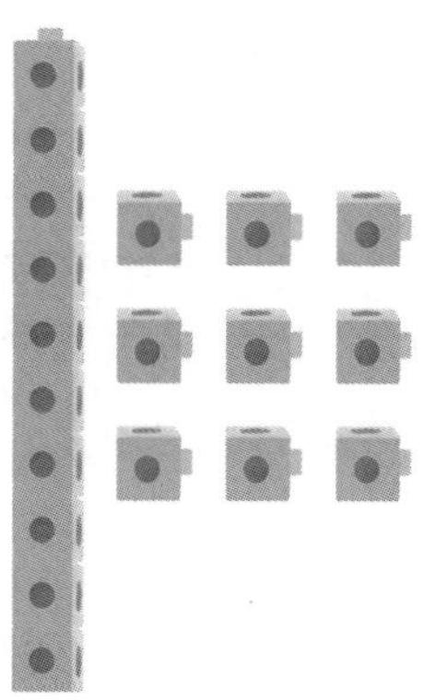

Empareja.

9

1 decena 2 unidades •	• 10 y 9
1 decena 6 unidades •	• 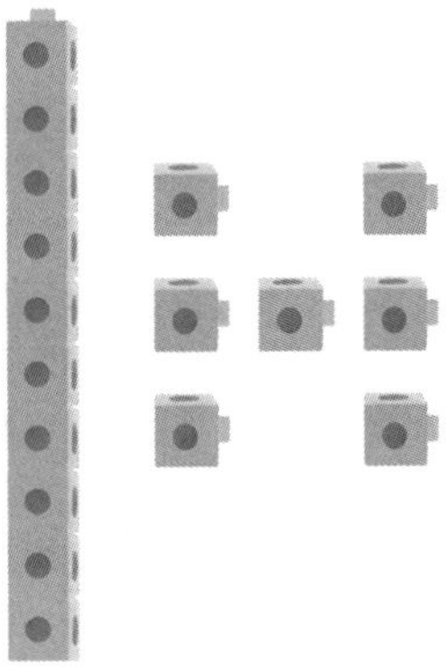
 •	• 10 y 5
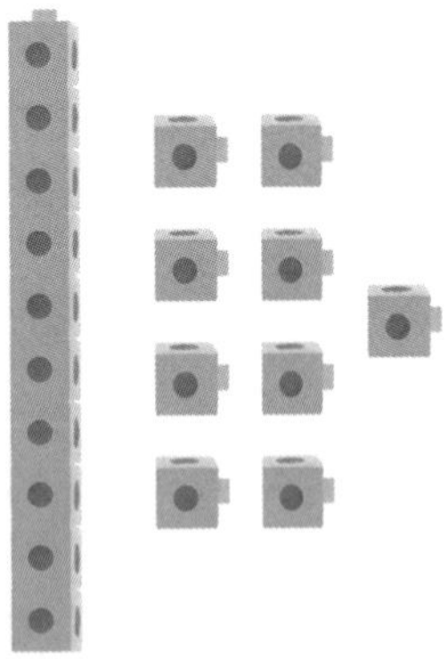 •	• 16
1 decena 5 unidades •	• 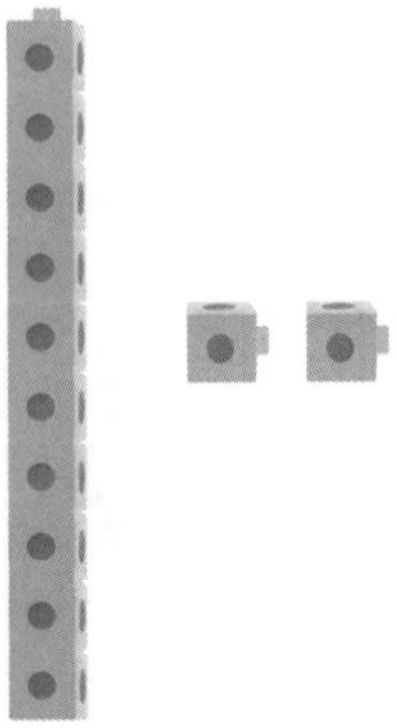

Nombre: ______________________ Fecha: ____________

Práctica adicional y tarea
Números hasta el 20

Actividad 3 Comparar y ordenar números

Encierra en un círculo el número que sea mayor.
Marca con una (X) el número que sea menor.

Ejemplo

(12) ~~10~~

1. 13 16

2. 18 20

3. 19 16

Observa cada enunciado.
Escribe "V" si es verdadero.
Escribe "F" si es falso.

4. $12 < 16$ __________

5. $19 > 20$ __________

6. $16 > 19$ __________

7. $20 > 16$ __________

8. $20 > 12$ __________

9. $19 < 12$ __________

Completa cada espacio en blanco con ">" o "<".

10. 13 ◯ 11

11. 14 ◯ 19

**Observa los números en cada grupo.
¿Están en orden de menor a mayor?
Encierra en un círculo "Sí" o "No".**

12 

Sí / No

13 

Sí / No

**Compara los números.
Luego, completa cada espacio en blanco.**

14 ____________ es el número mayor.

15 ____________ es el número menor.

Ordena los números de menor a mayor.

16

12 20 16

________, ________, ________

menor mayor

Ordena los números de mayor a menor.

17

15 13 19

________, ________, ________

mayor menor

Observa los números.
Luego, responde cada pregunta.

18

17 20 11

a ¿Están los números en orden de menor a mayor?

____

b ¿Cuáles números puedes intercambiar para ordenarlos de mayor a menor?
Subráyalos.

Nombre: ______________________ Fecha: __________

Capítulo 4

Práctica adicional y tarea
Números hasta el 20

Actividad 4 Patrones numéricos

Escribe los números que faltan en cada patrón numérico.

1. 14, 13, 12, 11, ________, ________, ________

2. 16, ________, 14, 13, 12, 11, ________

3. 20, 19, 18, 17, ________, 15, ________

Observa los números dados.
Úsalos para formar dos patrones numéricos diferentes.
Puedes usar un número más de una vez.

4. 12 16 10 15 13 14 11

Patrón 1:

☐ ☐ ☐ ☐

Patrón 2:

☐ ☐ ☐ ☐

Hay algunos patrones numéricos en la sopa de números. Completa cada espacio en blanco en la sopa de números. Luego, colorea todos los patrones numéricos. Usa un color diferente para cada patrón numérico.

5

17	19	18	8	13	14	17
12	15	16	12	14	16	15
10	11	14	17	15	13	14
8	10	12	14	16		20
6	5		11		15	18
4	1	8	7	18	10	14
2	5	6	13	19	12	16

Nombre: ______________________ Fecha: __________

1 **Hábito para matemáticas 6** **Usar lenguaje matemático preciso**

Elige algún número de estos.

16 14 19

Completa la tabla.

Puedo escribirlo en palabra.
Puedo mostrarlo usando la tabla de valor posicional.
Puedo mostrarlo como parte de un patrón numérico. ________, ________, ________, ________

Decenas	Unidades

2 Hábito para matemáticas 2 Usar el razonamiento matemático

Observa el problema y la tabla.
Los pasos para resolver el problema están mezclados en la tabla.
Númeralos en el orden correcto.

Problema:
Ordena los números de mayor a menor.

Los pasos:	
	20 tiene 2 decenas. 2 decenas son mayores que 1 decena.
	4 unidades son menores que 9 unidades. Entonces, 14 es menor que 19. 14 es el número menor.
	El número mayor es 20.
1	Compara las decenas.
	20, 19, 14 mayor menor
	Ahora, compara las unidades que hay en 19 y 14.
	14 y 19 cada uno tiene 1 decena.

1 **Hábito para matemáticas 1** **Perseverar en la resolución de problemas**

Anya practica escribir los números del 1 al 20.
Después de escribir 19 dígitos, se detiene y toma un descanso.
Halla el número en el que Anya se detuvo.

¡DESAFÍA TU MENTE!

2 Hábito para matemáticas 1 **Perseverar en la resolución de problemas**

Lee la pista.
Luego, encierra en un círculo los números correctos.

Pista:
Los números son mayores que 13, pero menores que 18.

16 13 12

15 11 19 17

18 14

CONEXIONES DE LA

ESCUELA A LA CASA

Capítulo 5

Suma y resta hasta el 20

Estimada familia:

En este capítulo, su hijo sumará y restará hasta el 20. Las habilidades que practicará son las siguientes:

- sumar contando hacia delante
- sumar completando 10
- sumar con operaciones de dos y de dos más uno
- restar contando hacia atrás
- restar agrupando en una decena y unidades
- restar usando operaciones de suma
- resolver problemas cotidianos de sumas y restas

Práctica matemática

Al terminar el capítulo, realice con su hijo estas actividades, que le servirán para reforzar su comprensión de la suma y la resta hasta el 20.

Actividad 1

- Tome un plato de papel, un dado y 20 objetos idénticos, como frijoles, pasta o botones.
- Ponga hasta 14 objetos en el plato y vaya contando en voz alta.
- Lance el dado y ponga en el plato el número correspondiente de objetos, contando hacia delante para hallar el total.
- Vacíe el plato y pase el siguiente turno a su hijo.

Actividad 2

- Tome un plato de papel, un dado y 20 objetos idénticos, como frijoles, pasta o botones.
- Ponga los 20 objetos en el plato y vaya contando en voz alta mientras los pone.
- Lance el dado y quite del plato el número correspondiente de objetos, contando hacia atrás para calcular el número de objetos que quedan.
- Vacíe el plato y pase el siguiente turno a su hijo.

Charla de matemáticas

Con el siguiente diagrama, ayude a su hijo para recordar que un número conectado muestra una correspondencia entre un entero y sus partes. Por ejemplo, las partes 1 y 6 forman un número conectado para el número 7.

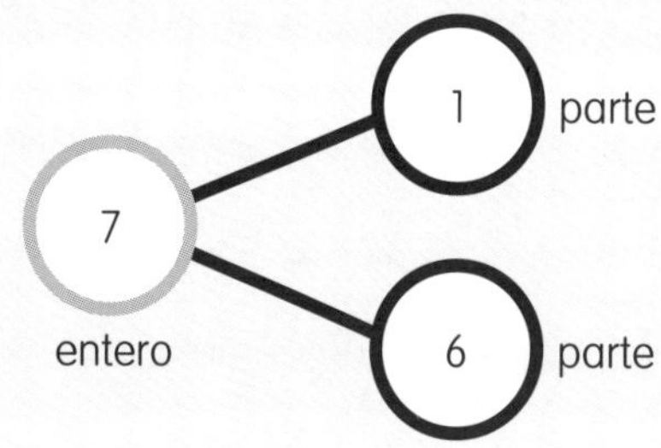

A continuación, estudie con su hijo el siguiente diagrama. Pídale que complete un 10 antes de sumar o restar. Dígale que divida en 2 el número menor.

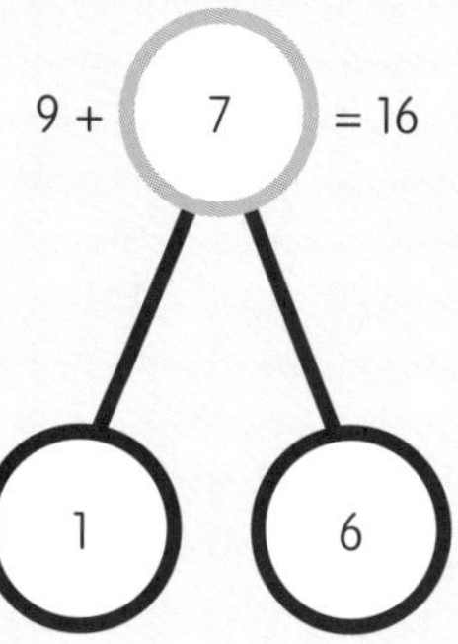

9 y 1 forman 10.
10 y 6 forman 16.

PÁGINA EN BLANCO

Nombre: ____________________ Fecha: ____________

Capítulo 5

Práctica adicional y tarea
Suma y resta hasta el 20

Actividad 1 Maneras de sumar con fluidez

Suma.
Cuenta hacia delante desde el número mayor.
Completa cada número que falta.

1

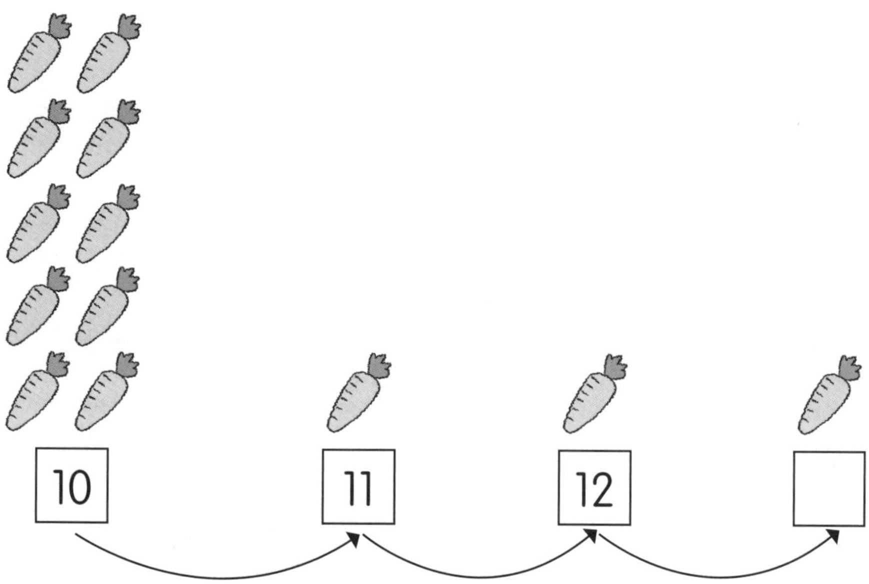

10 + 3 = ________

2

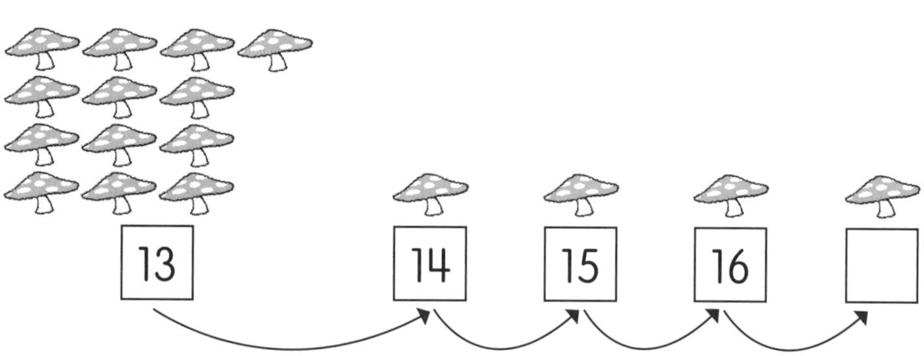

13 + 4 = ________

Suma.
Cuenta hacia delante desde el número mayor.
Usa la cinta para contar como ayuda.

3. 12 + 2 = ________
4. 13 + 4 = ________
5. 15 + 3 = ________
6. 17 + 2 = ________
7. 11 + 4 = ________
8. 16 + 4 = ________

Forma 10.
Luego, suma y completa cada espacio en blanco.

9.

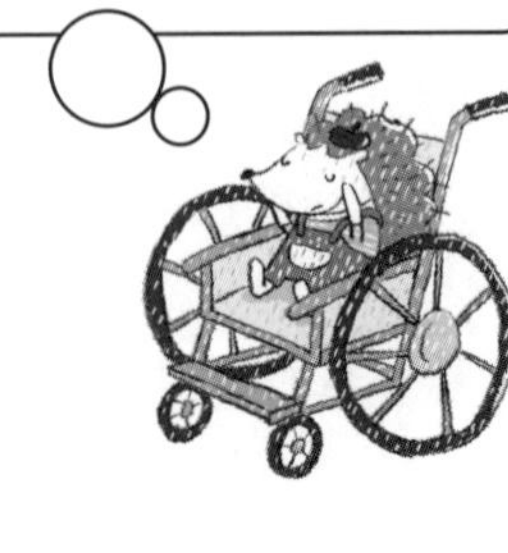

8 + 4 = ________

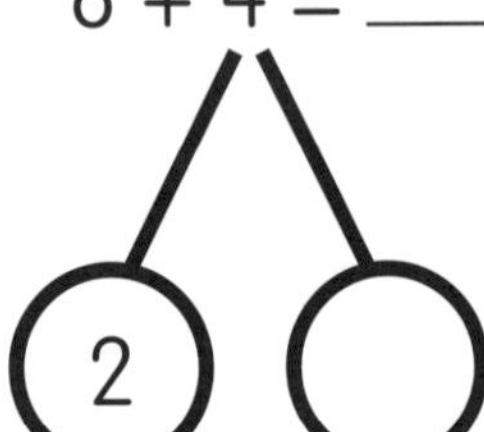

10

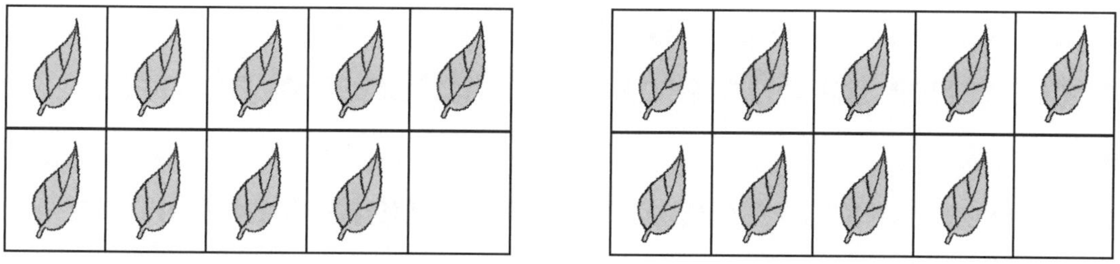

9 + 9 = ______

Forma 10.
Luego, suma y completa cada espacio en blanco.

11 7 + 6 = ______

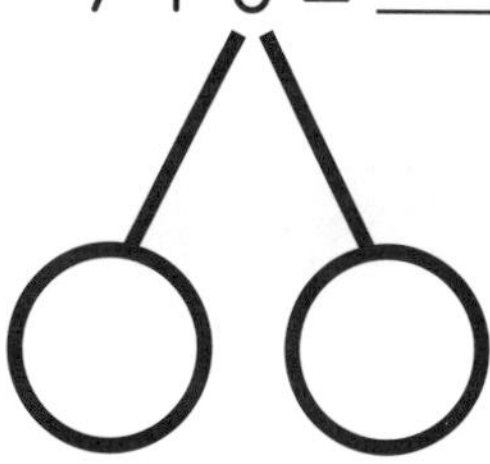

12 7 + 8 = ______

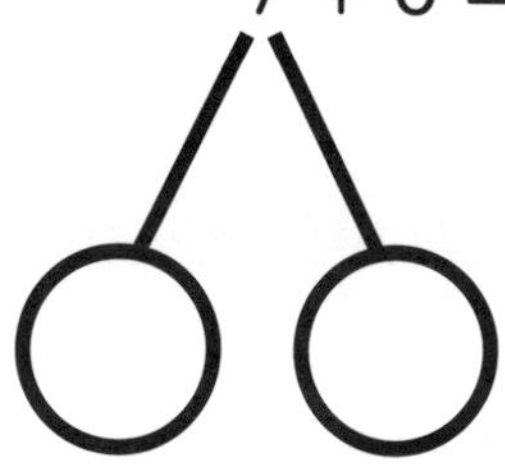

Completa cada número que falta.

13 **a** El doble de 5 es ______ + ______ = ______

b 5 + 6 = ______ + ______ + ______

= ______

14 **a** ¿Qué operación de dobles te ayuda a sumar 9 y 7?

______

b 6 + 7 = ______

¿Cuál de los autobuses pueden llevar a Pablo a casa? Suma cada par de números para obtener el número de autobús.
Luego, lee las pistas para ayudar a Pablo a encontrar esos autobuses.
Encierra en un círculo esos autobuses.

15

Pistas:

¡Hola! ¿Sabes qué autobuses pueden llevarnos a mi familia y a mí a este lugar?

¡Oh! ¡Lo siento, tengo prisa! No tomen autobuses con 1 en el lugar de las decenas.

Nombre: ____ Fecha: ______________

Capítulo 5

Práctica adicional y tarea
Suma y resta hasta el 20

Actividad 2 Maneras de restar con fluidez

Resta.
Cuenta hacia atrás desde el número mayor.
Traza flechas como ayuda.
Luego, completa cada número que falta.

1

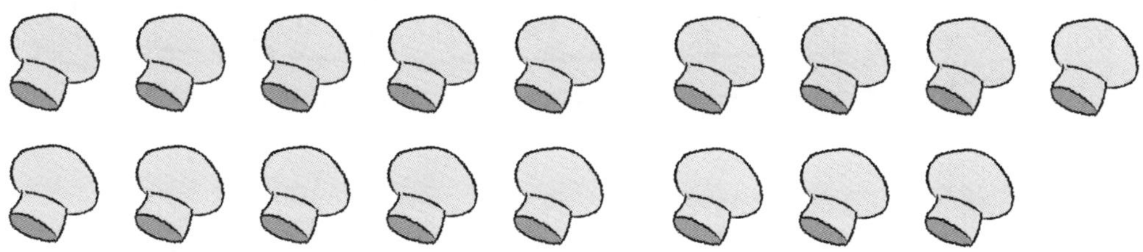

		15	16	17

$17 - 3 =$ __________

2

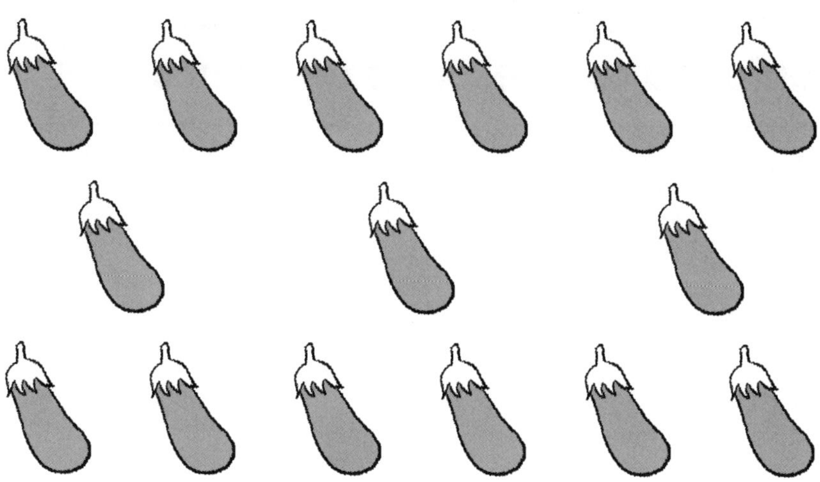

		12	13	14	15

$15 - 4 =$ __________

3

15	16		18	19

19 – 2 = ________

Resta.
Cuenta hacia atrás desde el número mayor.
Usa la cinta para contar como ayuda.

4 14 – 3 = ________

5 16 – 2 = ________

6 17 – 1 = ________

7 20 – 4 = ________

Agrupa cada número en una decena y unidades.
Luego, resta y completa cada espacio en blanco.

8

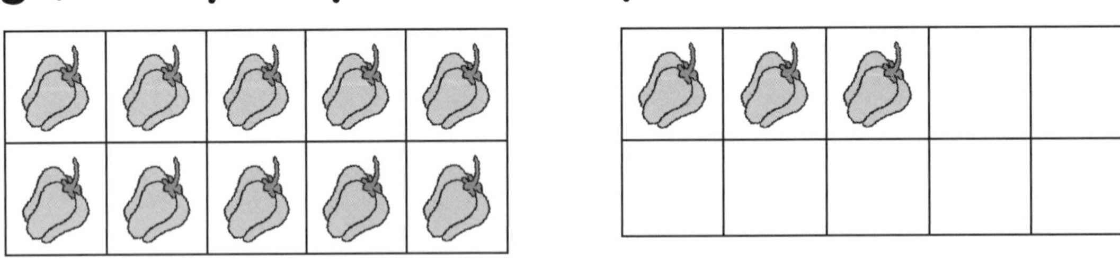

13 – 3 = ________

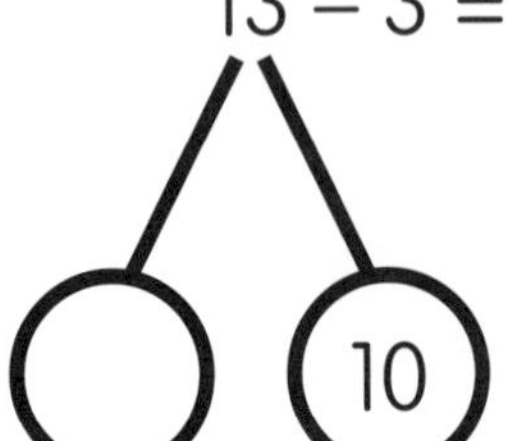

9

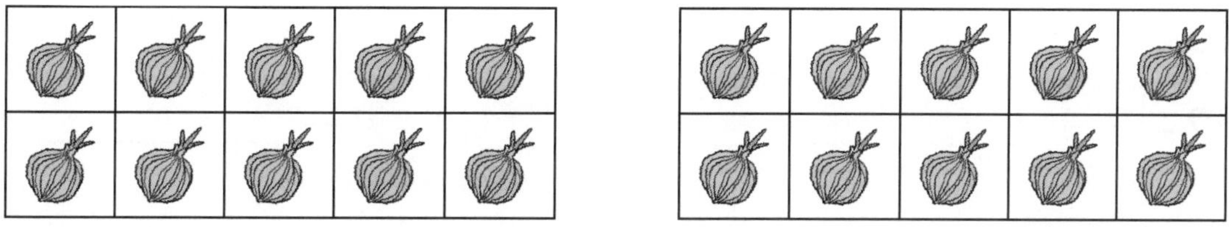

$20 - 5 =$ ______

10

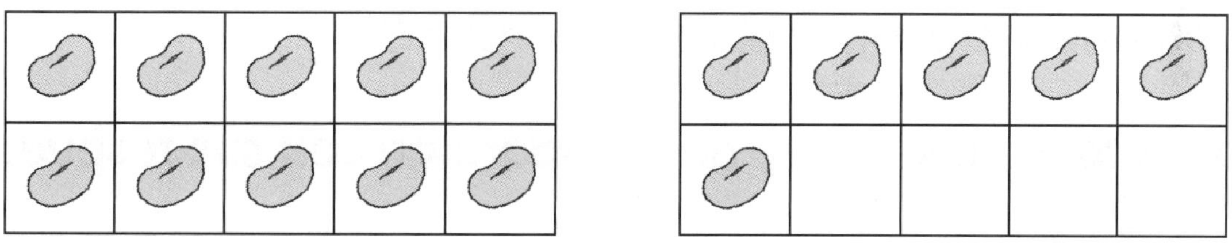

$16 - 7 =$ ______

Agrupa cada número en una decena y unidades. Luego, resta y completa cada espacio en blanco.

11 $17 - 4 =$ ______

12 $13 - 5 =$ ______

Resta.

13. 12 – 3 = ________
14. 14 – 4 = ________
15. 15 – 4 = ________
16. 18 – 6 = ________
17. 16 – 5 = ________
18. 16 – 8 = ________
19. 17 – 0 = ________
20. 20 – 8 = ________

¿Cómo puedes ayudar al zorro perdido?

Colorea todos los ☐ que emparejan con sus respuestas del 13 al 20.

21.

Nombre: ______________________ Fecha: ____________

Capítulo 5

Práctica adicional y tarea
Suma y resta hasta el 20

Actividad 3 Problemas cotidianos: suma y resta

Resuelve.

1. Michael tiene 9 automóviles de juguete.
   Él tiene 7 camiones de juguete.
   ¿Cuántos camiones y automóviles tiene Michael en total?

________ ◯ ________ = ________

Michael tiene ________ camiones y automóviles de juguete en total.

2. La Sra. Evan tiene 12 libros de cocina.
Ella compra 7 libros de cocina.
¿Cuántos libros de cocina tiene
la Sra. Evans en total?

________ ◯ ________ = ________

La Sra. Evans tiene ________ libros de cocina ahora.

3. El Sr. Lee da a su esposa 16 rosas.
7 rosas son grandes.
El resto son pequeñas.
¿Cuántas rosas pequeñas hay?

________ ◯ ________ = ________

Hay ________ rosas pequeñas.

4. Hay 11 mariquitas en una hoja.
Un pájaro se come 3 de las mariquitas.
¿Cuántas mariquitas quedan?

________ ◯ ________ = ________

Quedan ________ mariquitas.

5 Tomás regala 10 adhesivos a sus amigos.
También le da a su hermana 3 adhesivos.
¿Cuántos adhesivos regaló Tomás en total?

_______ ◯ _______ = _______

Tomás regaló _______ adhesivos en total.

6 Angel hace 20 pulseras.
Ella regala algunas pulseras.
Ahora tiene 8 pulseras.
¿Cuántas pulseras regaló Angel?

_______ ◯ _______ = _______

Angel regaló _______ pulseras.

7. La Sra. Brown tiene 6 tazas.
Ella compró algunas tazas.
La Sra. Brown tiene 11 tazas ahora.
¿Cuántas tazas compró La Sra. Brown?

______ ◯ ______ = ______

La Sra. Brown compró ______ tazas.

8. Hay 18 hormigas grandes y pequeñas en una hoja.
8 hormigas son grandes.
¿Cuántas hormigas pequeñas hay?

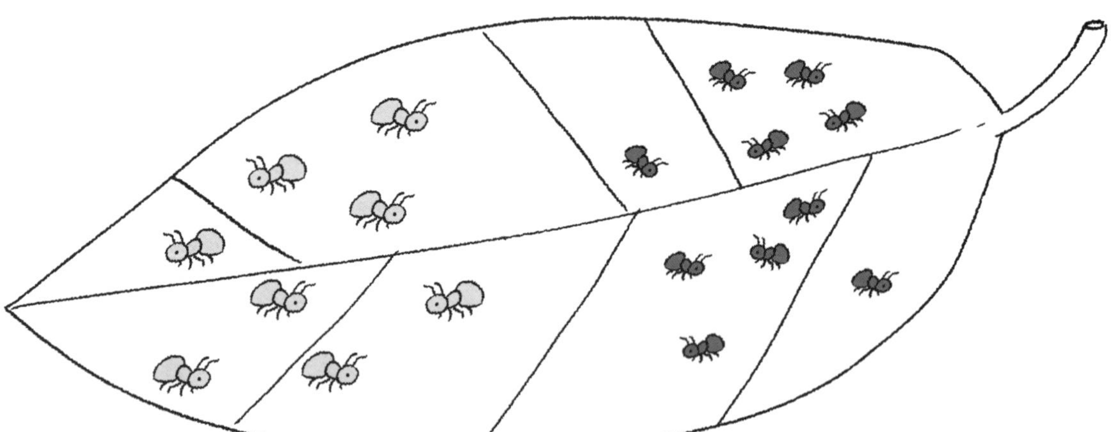

______ ◯ ______ = ______

Hay ______ hormigas pequeñas.

Nombre: ________________________ Fecha: ____________

Hábito para matemáticas 4 Usar modelos matemáticos

Colorea los ☐ para mostrar cinco maneras diferentes de formar 20.

Manera 1

Manera 2

Manera 3

Manera 4

Manera 5

1 **Hábito para matemáticas 1** **Perseverar en la resolución de problemas**

Completa cada ◯ con un número de la tabla.

Solo puedes usar cada número una vez.

4	9	8	6
12	7	11	3

Cada uno de los ◯—5—◯ en las direcciones

→, ↓, ↗, y ↘ debe formar 20.

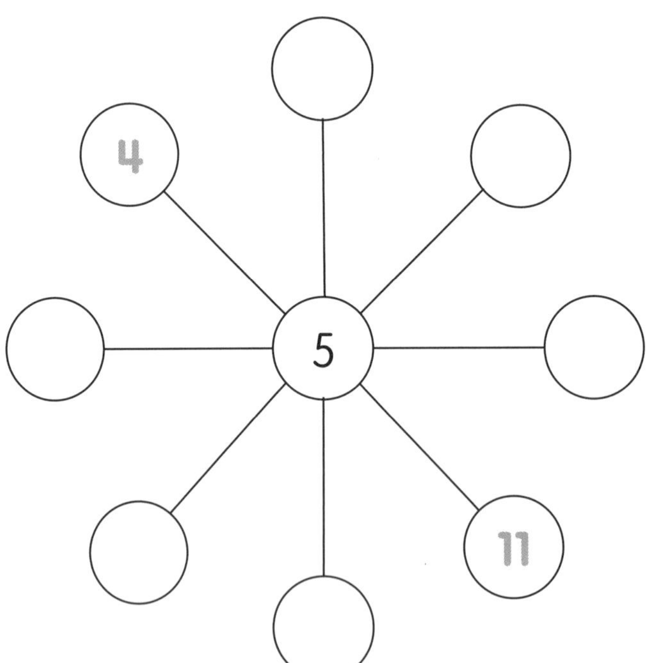

2 **Hábito para matemáticas 1** **Perseverar en la resolución de problemas**

Hay cuatro letras en el código para abrir la puerta de la cueva.
¿Qué letra es la que falta?

Ejemplo

_ **H** **Y E**

□ + 4 0 + 3

△ 3

13

△ = 13 − 3

= 10

Entonces, □ = 10 − 4

= 6

El número que falta es 6.
Puedo elegir M, N u O.

Muestra tu el proceso en la siguiente página.

PÁGINA EN BLANCO

CONEXIONES DE LA ESCUELA A LA CASA

Capítulo 6

Números hasta el 40

Estimada familia:

En este capítulo, su hijo trabajará con números hasta el 40. Las habilidades que practicará son las siguientes:

- contar hacia delante del 20 al 40
- representar un número de objetos en números y en palabras
- usar una tabla de valor posicional para indicar los números hasta el 40
- comparar y ordenar números hasta el 40
- encontrar los números que faltan en un patrón numérico

Práctica matemática

Al terminar el capítulo, realice con su hijo esta actividad, que le servirá para reforzar su sentido numérico.

Actividad

- Tome 40 objetos idénticos, como frijoles, pasta, botones o cubos de plástico y métalos en una bolsa.
- Saque un puñado grande de objetos y pida a su hijo que los cuente, empezando con grupos de 10. Su hijo puede mover los objetos para formar grupos de 10 o poner un cordel alrededor de grupos de 10. Si los objetos están dispersos sobre una hoja de papel, dibujen círculos alrededor de los grupos de 10 para facilitar el conteo.
- Devuelva los objetos a la bolsa y pasen a la siguiente ronda.

Charla de matemáticas

Comente con su hijo que cada dígito de un número ocupa una posición o un lugar y que ese lugar determina el valor del dígito. Observen juntos la siguiente tabla de valor posicional y digan cómo escribir 24 con dos grupos de 10 y 4 unidades o 10 + 10 + 4.

Decenas	Unidades
2	4

PÁGINA EN BLANCO

Nombre: ______________________ Fecha: ____________

Capítulo 6

Práctica adicional y tarea
Números hasta el 40

Actividad 1 Contar hasta el 40

Cuenta hacia delante de diez en diez y de uno en uno. Luego, completa cada espacio en blanco.

1

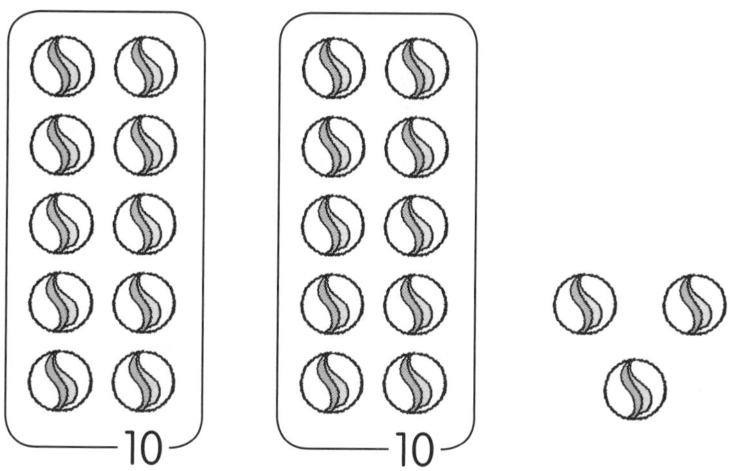

10, ..., 20, ________, ________, ________

2

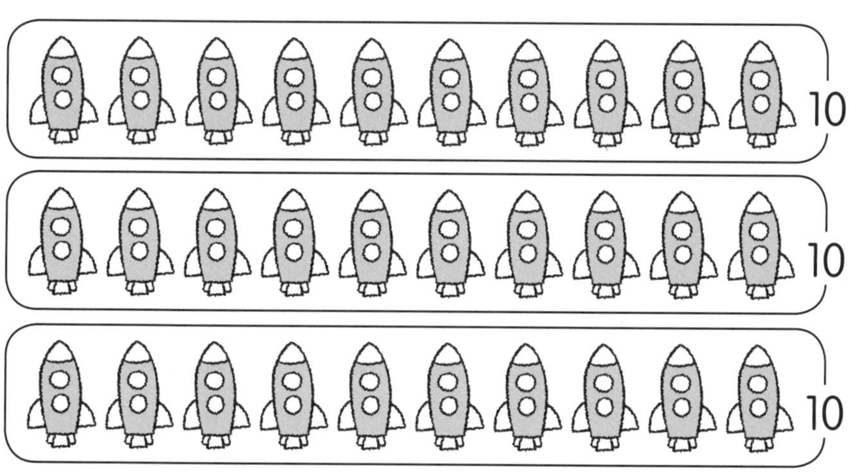

10, ..., 20, ..., ________

Encierra en un círculo grupos de 10.
Luego, cuenta hacia delante y escribe cada número.

Ejemplo

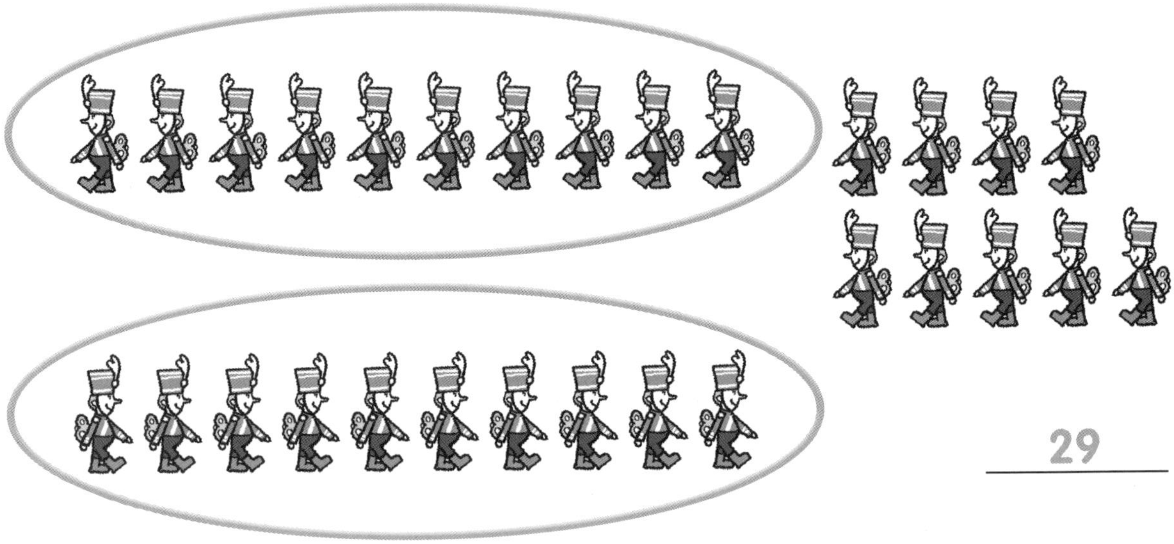

29

3

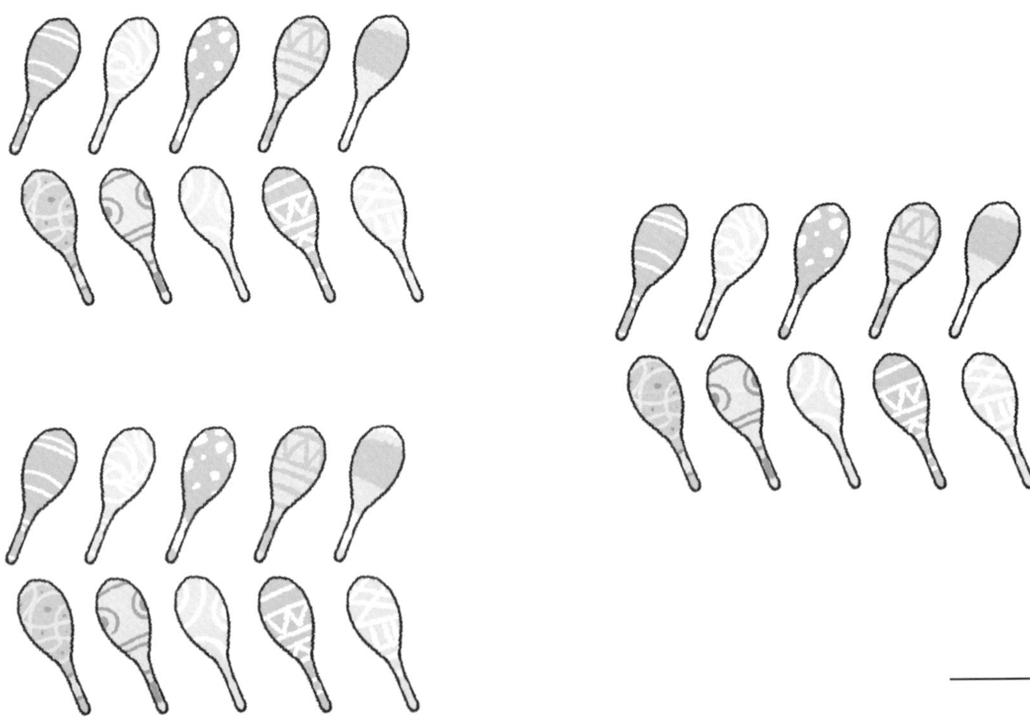

______

4

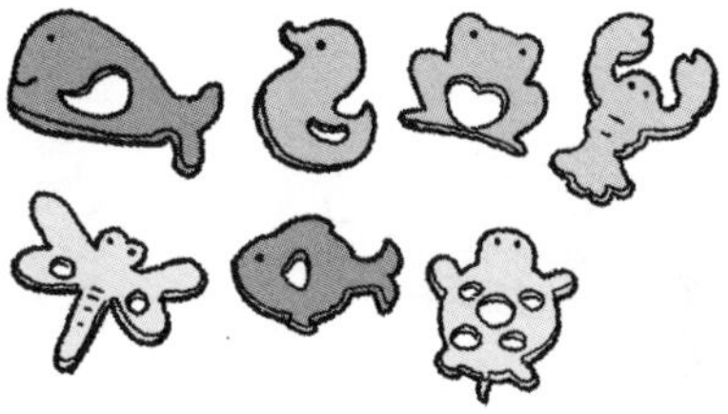

____

5

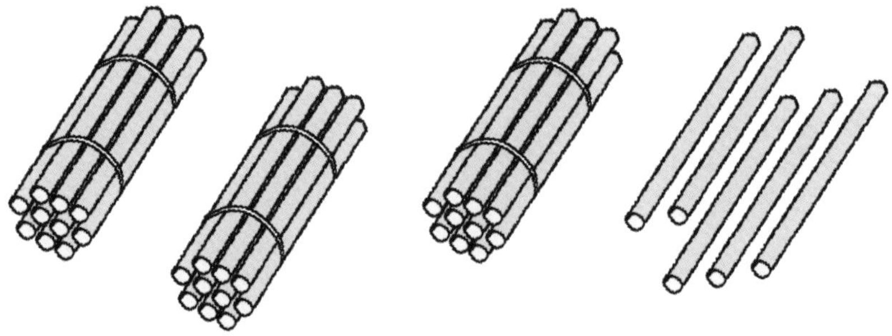

____

6

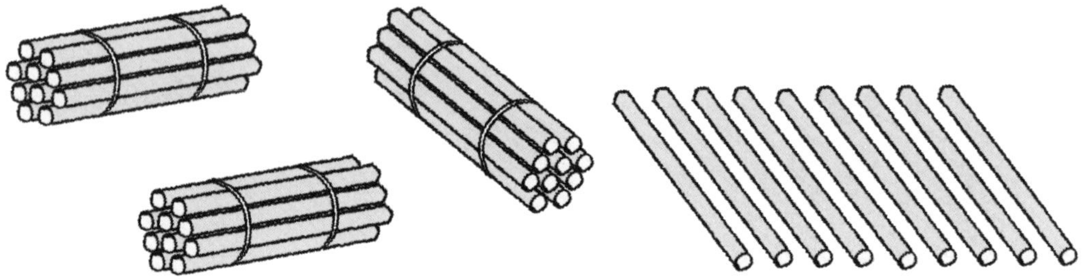

____

**Cuenta hacia delante de diez en diez y de uno en uno.
Luego, escribe cada uno en números y en palabras.**

	En números	En palabras
7 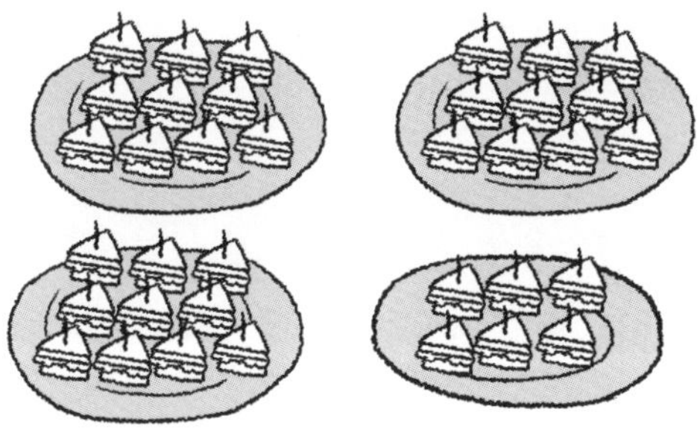		
8 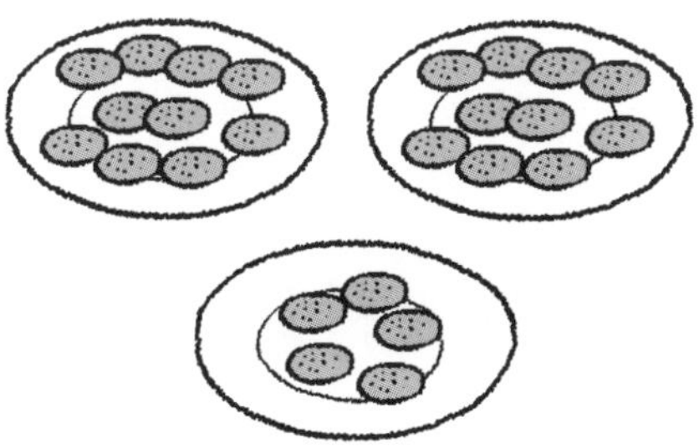		
9 		
10 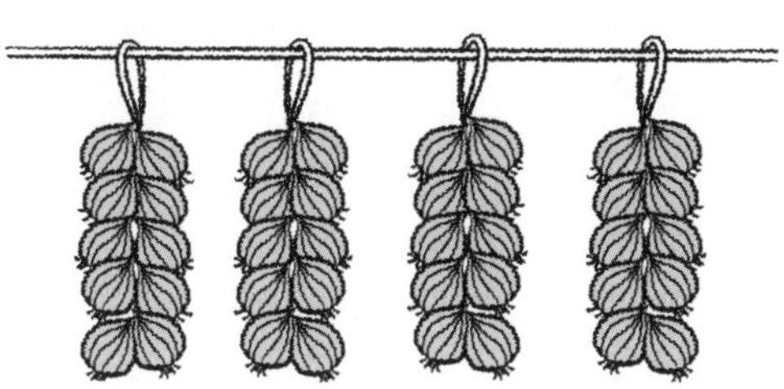		

PÁGINA EN BLANCO

Nombre: ______________________________ Fecha: ______________

Capítulo 6

Práctica adicional y tarea
Números hasta el 40

Actividad 2 Valor posicional

Cuenta hacia delante de diez en diez y de uno en uno. Luego, completa cada espacio en blanco.

1

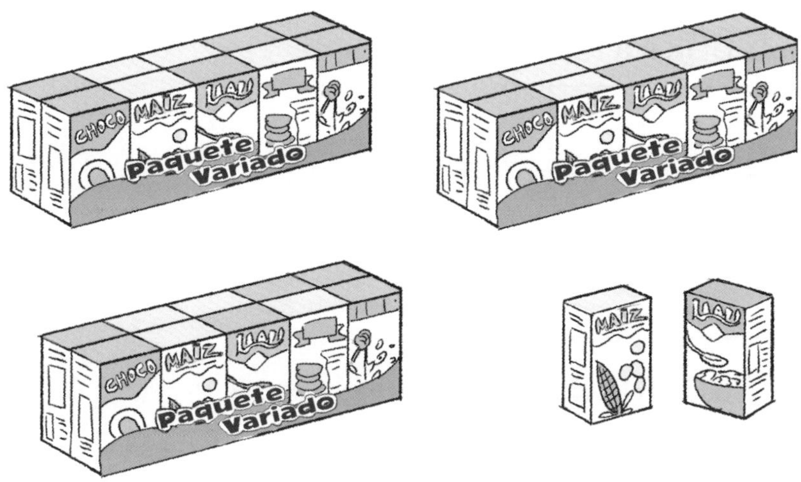

__________ decenas

__________ unidades

Decenas	Unidades

Observa cada tabla de valor posicional. ¿El número de  y  empareja el número debajo de ellos? Escribe "Sí" o "No" en el espacio en blanco.

2

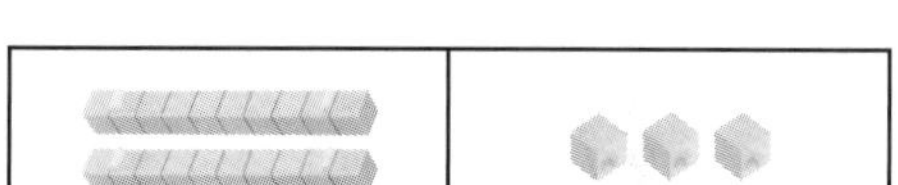

Decenas	Unidades
2	2

____

3

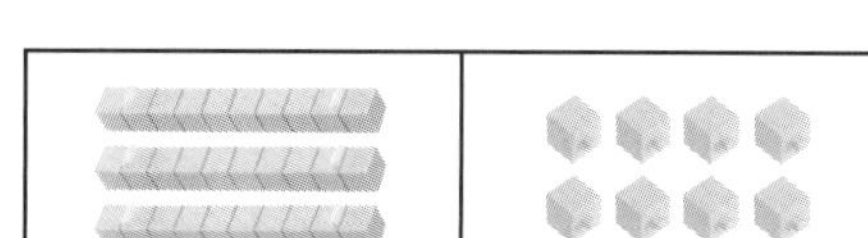

Decenas	Unidades
3	8

____

Completa cada espacio en blanco.

Ejemplo

2 decenas + 4 unidades
20 + 4
24

4

2 decenas + 6 unidades
20 + ______
______

5

2 decenas + 9 unidades
______ + 9
______

6. 3 decenas + 5 unidades

30 + ______

______

7. 3 decenas + 7 unidades

______ + ______

______

8. 3 decenas + 9 unidades

______ + ______

______

Completa cada espacio en blanco.
Luego, dibuja cada ilustración que falta.

Ejemplo

En palabras

treinta y dos

Como dibujo

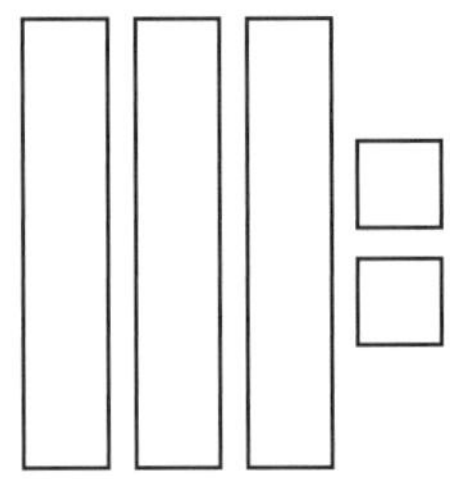

En números

32

Como números para sumar

30 + 2

En decenas y unidades

3 decenas
2 unidades

9

En palabras

____

Como dibujo

En números

____

Como números para sumar

20 + 7

En decenas y unidades

________ decenas
________ unidades

10

En palabras veintitrés	Como dibujo
Como números para sumar _____ + _____	En decenas y unidades _____ decenas _____ unidades

En números

_____

11

En palabras _____	Como dibujo
Como números para sumar _____ + _____	En decenas y unidades _____ decenas _____ unidades

En números

38

PÁGINA EN BLANCO

Nombre: ______________________________ Fecha: ____________

Capítulo 6

Práctica adicional y tarea
Números hasta el 40

Actividad 3 Comparar, ordenar y patrones numéricos

Cuenta los objetos en cada grupo.
Luego, completa cada espacio en blanco.

1 **a**

Grupo A

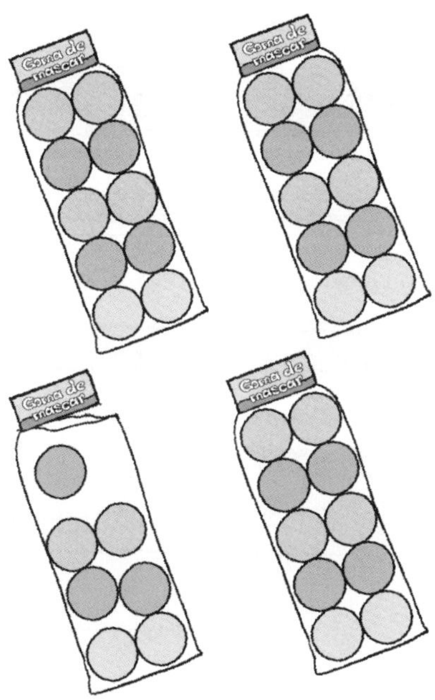

____

Grupo B

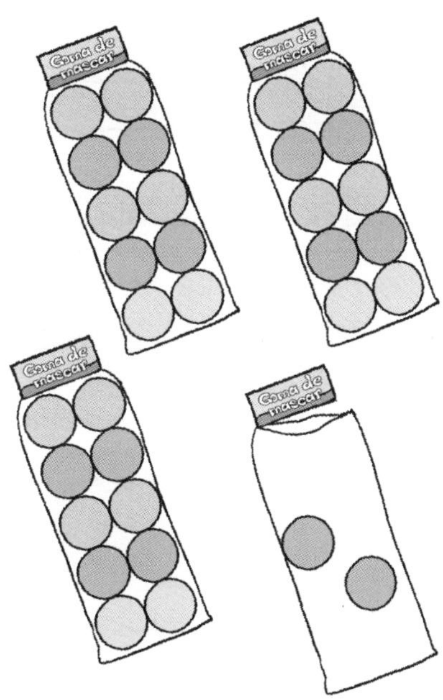

____

b Hay menos pelotas en el grupo __________ que en el grupo __________.

c Hay más pelotas en el grupo __________ que en el grupo __________.

2 **a**

Grupo A

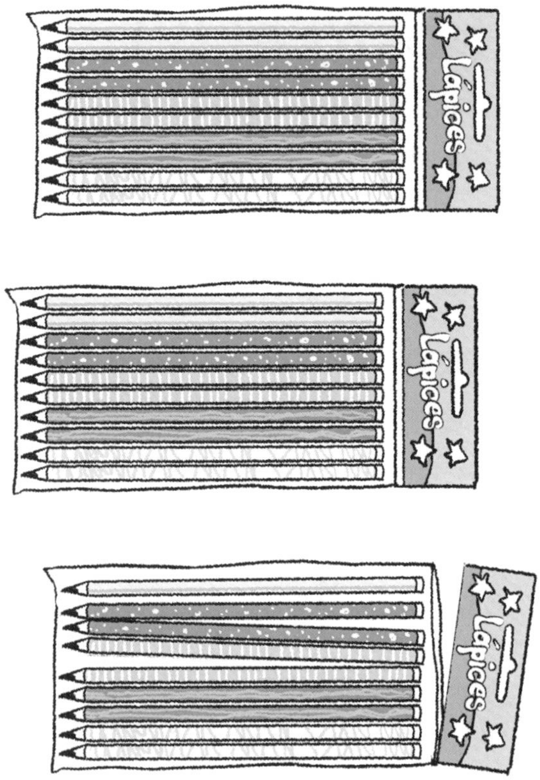

______

Grupo B

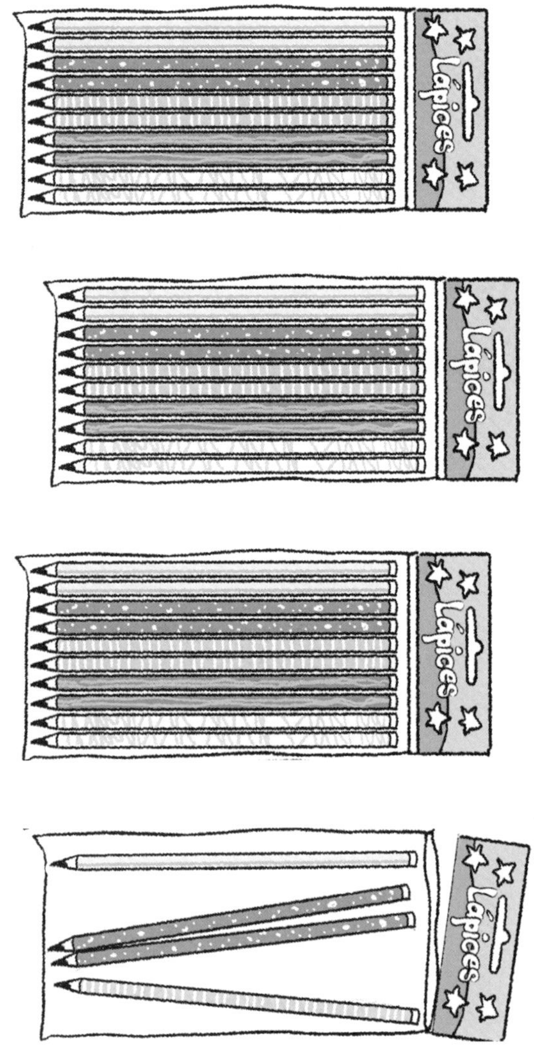

______

b Hay menos lápices en el grupo ______ que en el grupo ______.

c Hay más lápices en el grupo ______ que en el grupo ______.

d ______ es menor que ______.

e ______ es mayor que ______.

Completa cada espacio en blanco.
Usa la cinta de contar como ayuda.

25	26	27	28	29	30	31	32	33	34	35	36	37	38

3. __________ es 3 menos que 38.

4. 2 menos que 34 es __________.

Compara cada par de números en la izquierda.
Encierra en un círculo la respuesta correcta.
Luego, completa cada espacio en blanco con "<", ">" o "=".

5. 34 [es menor que / es mayor que / es igual a] 34.

34 ◯ 34

6. 40 [es menor que / es mayor que / es igual a] 33.

40 ◯ 33

7. 36 [es menor que / es mayor que / es igual a] 39.

36 ◯ 39

Ordena los números de menor a mayor.

8

__________, __________, __________

menor mayor

9

__________, __________, __________

menor mayor

10

__________, __________, __________

menor mayor

Ordena los números de mayor a menor.

11

__________, __________, __________

mayor menor

12

__________, __________, __________

mayor menor

13

__________, __________, __________

mayor menor

Escribe los números que faltan en cada patrón numérico.

14

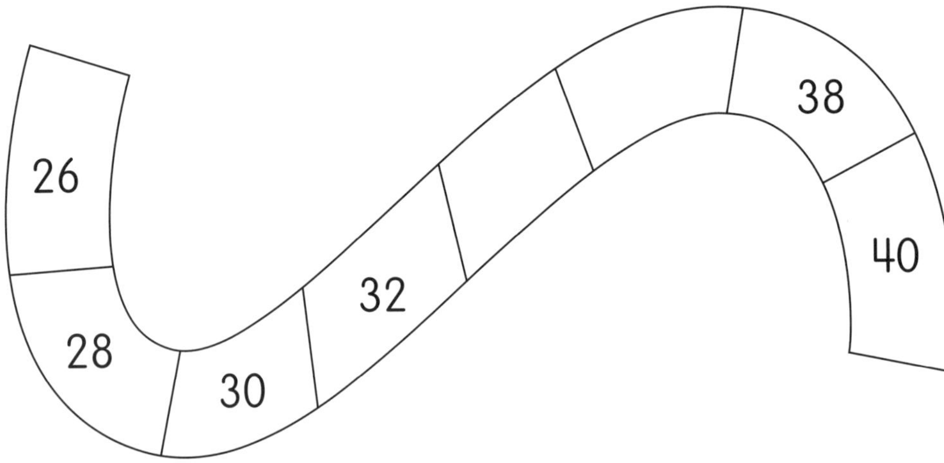

15

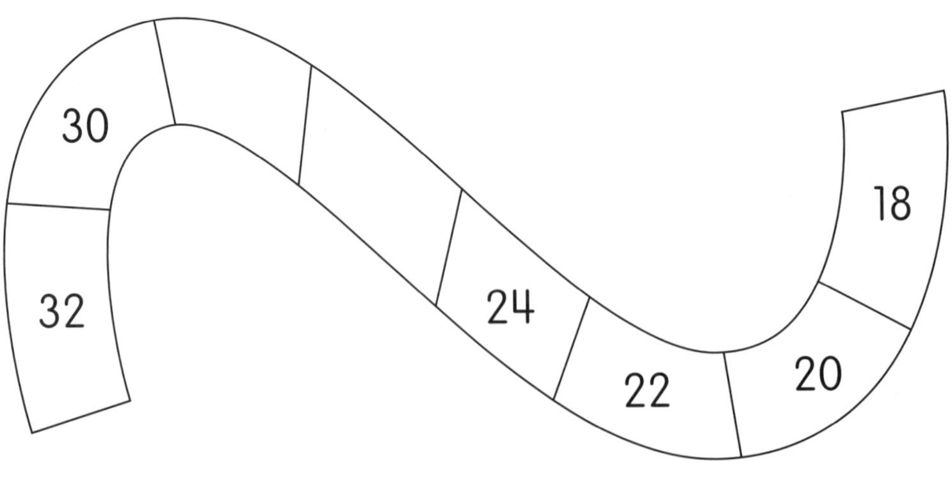

Nombre: ______________________________ Fecha: ______________

Hábito para matemáticas 2 Usar el razonamiento matemático

Observa el problema y luego, la tabla.
Los pasos para resolver el problema están mezclados en la tabla.
Numéralos correctamente.

Problema:
Ordena los números de menor a mayor.

35 38 40

Los pasos:	
	El número mayor es 40.
	Entonces, 38 es mayor que 35.
	Ahora, compara las unidades de 35 y 38.
	Compara las decenas.
	35, 38, 40 menor mayor
	8 unidades son mayores que 5 unidades.
	4 decenas son mayores que 3 decenas.

1 Hábito para matemáticas 1 **Perseverar en la resolución de problemas**

Lydia esconde una parte de su pulsera.
Ella le pide a Claire que estime cuántas cuentas están cubiertas.
Lydia le da una pista de que hay 36 cuentas en total.
¿Cuántas cuentas están cubiertas?

_________ cuentas están cubiertas.

¡DESAFÍA TU MENTE!

2 Hábito para matemáticas 1 **Perseverar en la resolución de problemas**

Forma un patrón que tenga los números de abajo.

20   40

Patrón

___	___	___	___	___	___

3 **Hábito para matemáticas 1** **Perseverar en la resolución de problemas**

Ava pone una pelota con un número X en una máquina. Una nueva pelota numerada Y sale de la máquina.

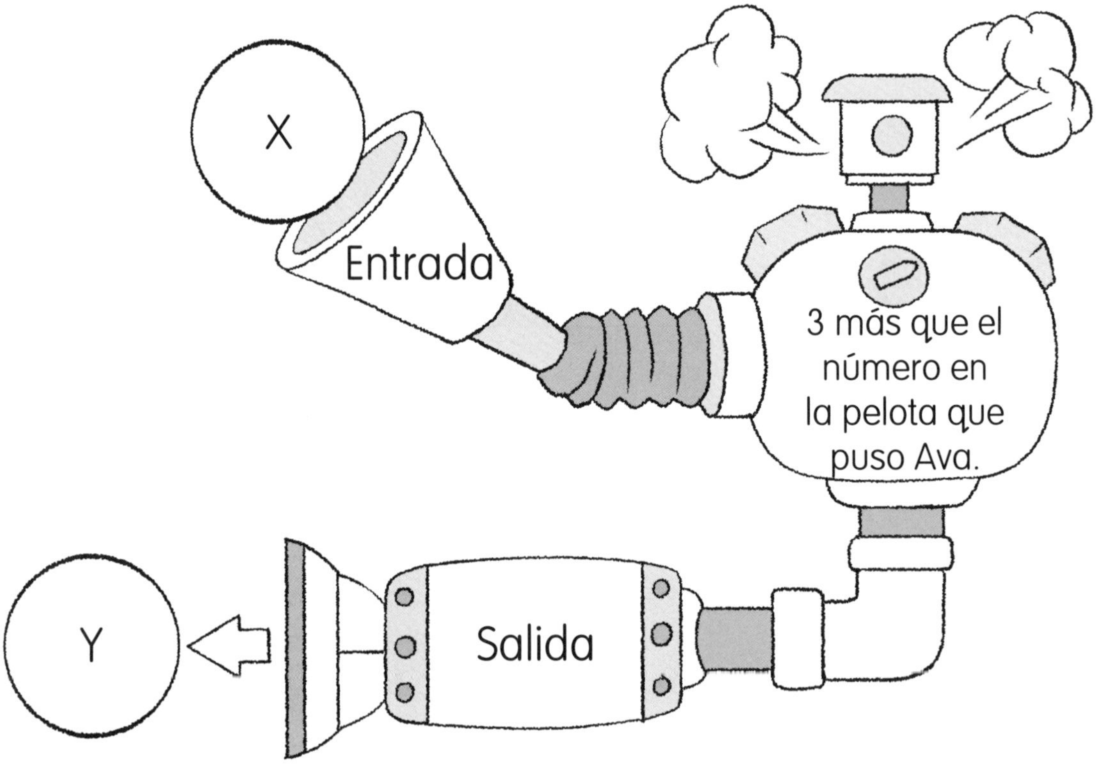

Y es menor que 40, pero mayor que 31.
Haz una lista de 3 respuestas posibles para X y Y.

Capítulo 7

CONEXIONES DE LA ESCUELA A LA CASA

Calendario y hora

Estimada familia:

En este capítulo, su hijo aprenderá a leer el calendario y a decir qué hora es. Las habilidades que practicará son las siguientes:

- leer el calendario
- aprender las estaciones del año
- leer y decir las horas y las medias horas
- relacionar las horas con las actividades diarias

Práctica matemática

Al terminar el capítulo, realice con su hijo estas actividades, que le servirán para reforzar sus conocimientos sobre cómo leer un calendario y decir la hora.

Actividad 1

- Tome un calendario impreso o descargue e imprima un calendario gratuito de internet.
- Ayude a su hijo para hacer una lista del día de cumpleaños de familiares y amigos.
- Pídale que marque las fechas de los cumpleaños en el calendario.

Actividad 2

- Usen un calendario y hablen sobre las estaciones: primavera, verano, otoño e invierno. Comenten si las estaciones del lugar donde viven se parecen a las de donde viven otras personas.

Actividad 3

- Visiten una biblioteca y lean libros sobre las estaciones, como *Red Sings from Treetops, A Year in Colors* de Joyce Sidman; *Green Eyes* de Abe Birnbaum, y *The Reasons for Seasons* de Gail Gibbons.

Actividad 4

- Pida a su hijo que imagine un día perfecto en el que pueda hacer lo que quiera. Debe usar las palabras "en punto" y "media" para hablar de lo que quisiera hacer a diferentes horas de ese día.

Charla de matemáticas

Revisen un calendario impreso o descarguen e impriman un calendario gratuito de internet. Comenten que los **días** se organizan en **semanas**, las semanas en **meses** y meses en un **año**. Señale diferentes fechas en el calendario y pida a su hijo que las lea en voz alta.

Comenten sobre las manecillas de un reloj y cómo usamos el **horario** para leer las horas y el **minutero** para los minutos. Hablen sobre la hora de ciertas actividades, como levantarse de la cama a las seis y **media** a fin de alistarse para la escuela.

PÁGINA EN BLANCO

Nombre: ______________________ Fecha: ____________

Capítulo 7 Práctica adicional y tarea
Calendario y hora

Actividad 1 Usar un calendario

Completa el espacio en blanco.

1. ¿Cuántos días hay en una semana? ____________

Escribe los días de la semana.

2. El primer día es ____________
3. El tercer día es ____________
4. El quinto día es ____________
5. El último día es ____________

Responde la pregunta.

6. ¿Cuál es el día de la semana que más te gusta? ____________

Usa el calendario para completar cada espacio en blanco como ayuda.

JUNIO 2018						
Domingo	**Lunes**	**Martes**	**Miércoles**	**Jueves**	**Viernes**	**Sábado**
					1	2
3	4	5	6	7	8	9
10	11	12	13	14	15	16
17	18	19	20	21	22	23
24	25	26	27	28	29	30

7. El nombre del mes es ______________.

8. Hay __________ días en este mes.

9. ______________ es el día entre el miércoles y el viernes.

10. La fecha del segundo lunes es ______________

11. El día de la semana justo después del 22 de junio de 2018 es ______________.

Observa la tabla.
Luego, responde cada pregunta.

Enero	Febrero	Marzo
Abril	Mayo	Junio
Julio	Agosto	Septiembre
Octubre	Noviembre	Diciembre

12. ¿Qué mes es ahora?
Escríbelo en el espacio en blanco. ____________

13. Encierra en un círculo el mes de tu cumpleaños.

14. Colorea de verde el octavo mes del año.

15. Colorea de azul el mes con solo 28 o 29 días.

16. Colorea de rojo los meses con solo 30 días.

Empareja cada ilustración con la estación correcta.

17

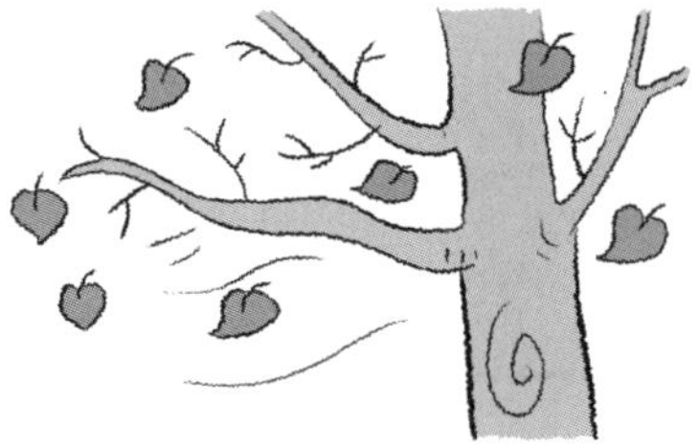

• • verano

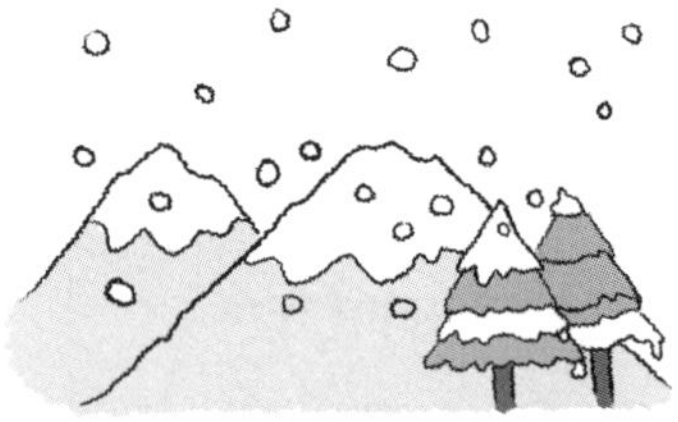

• • primavera

• • invierno

• • otoño

¿En qué temporada es el día festivo?
Escribe la respuesta en cada espacio en blanco.

18 Año Nuevo ______________

19 Día de Acción de Gracias ______________

20 Día de la Independencia ______________

Nombre: ______________________________ Fecha: ______________

Capítulo 7

Práctica adicional y tarea
Calendario y hora

Actividad 2 Decir la hora en punto

Empareja cada reloj con la hora correcta.

1

• • 12 en punto

• • 8 en punto

• • 9 en punto

• • 4 en punto

¿Cómo pasa Anna su día?
Escribe la hora en la que ella hace cada actividad.
Usa "en punto" en tu respuesta.

2

Anna se lava los dientes a las ______________.

3

La clase de Matemáticas de Anna comienza a las ______________.

4 

Anna almuerza a las _______________.

5 

Anna juega con sus amigos a las _______________.

6

Anna toca piano a las ______________.

7

Anna cena a las ______________.

8

Anna hace su tarea a las ______________.

9

Anna se va a la cama a las ______________.

Observa cada hora de la izquierda.
Colorea la esfera del reloj que muestra la hora correcta.

10. 3 en punto

11. 9 en punto

12. 12 en punto

13. 5 en punto

14. 11 en punto

Empareja cada reloj con la hora correcta.

15

9:00

1:00

5:00

3:00

12:00

Escribe cada hora de dos maneras.

Ejemplo

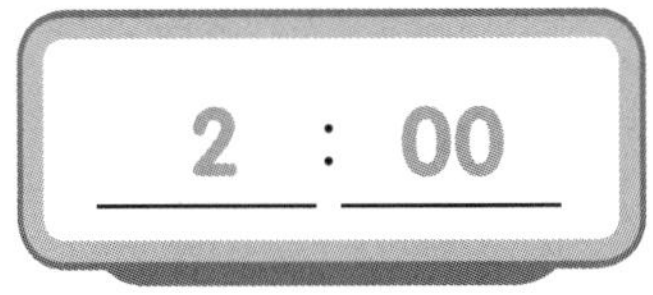

2 en punto

16

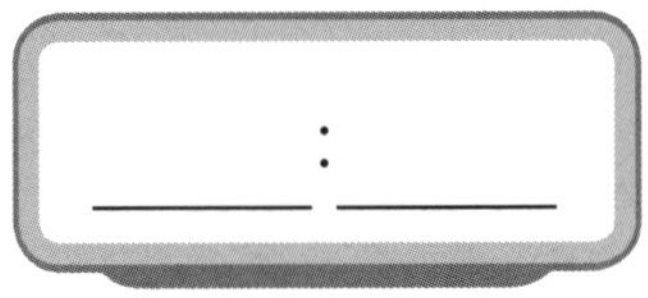

____

17

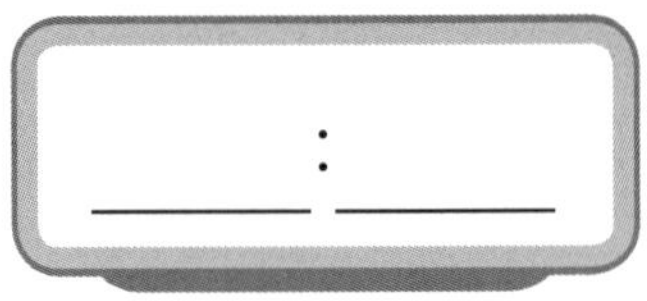

____

18

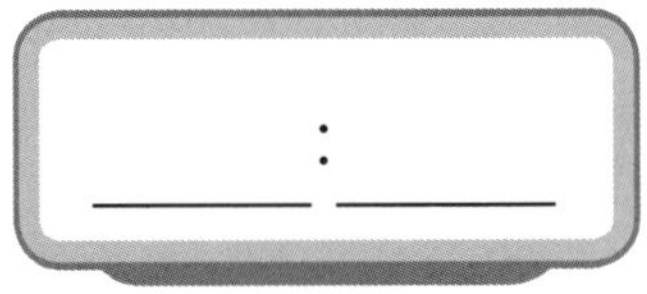

____

19

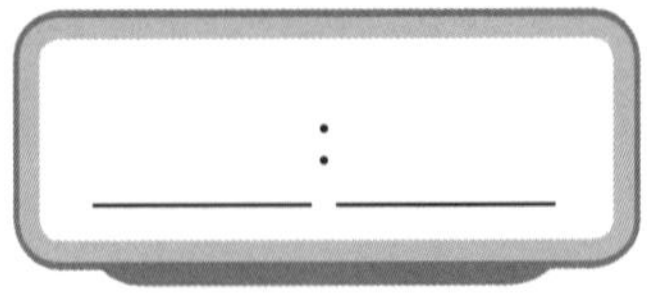

____

Nombre: ______________________ Fecha: ____________

Capítulo 7

Práctica adicional y tarea
Calendario y hora

Actividad 3 Decir la hora a la media hora

Empareja cada reloj con la hora correcta.

1

• • 5 y media

• • 2 y media

• • 9 y media

• • 8 y media

Observa cada hora de la izquierda.
Colorea la esfera del reloj que muestra la hora correcta.

2. 6 y media

3. 10 y media

4. 11 y media

5. 1 y media

6. 5 y media

La familia Jones va al zoológico el domingo.
Escribe la hora en la que hacen cada actividad.

7 

Ellos visitan el área de aves y mariposas a las ______________.

8 

Observan a los osos a las ______________.

¿Cómo pasan Pedro y sus amigos el domingo?
Escribe la hora en la que cada niño hace cada actividad.

9

Pedro va a la pista de bolos con su papá a las

__________ en punto.

10

John pasea a su gato a las __________ y media.

11

José va en bicicleta con su papá a las ______________
y media.

12

A las ______________, Aubrey disfruta del almuerzo con
su madre.

Empareja cada reloj con la hora correcta.

13

12:30

11:30

4:30

8:30

6:30

Escribe cada hora de dos maneras.

Ejemplo

1 y media

14

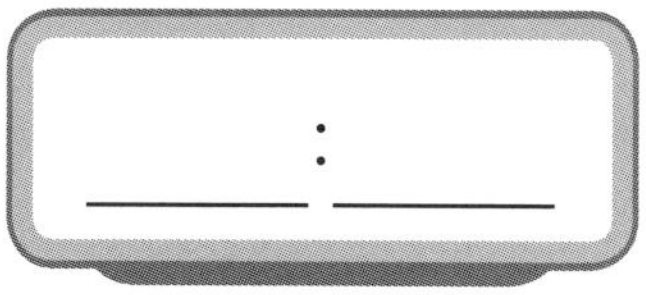

____

15

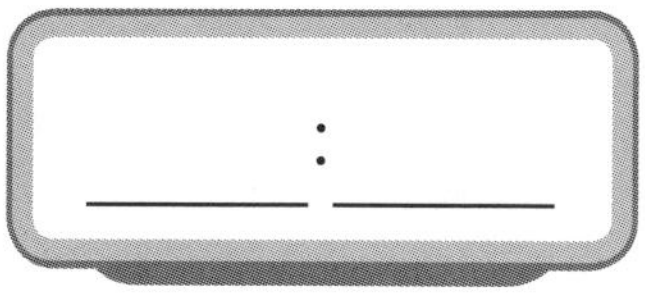

____

16

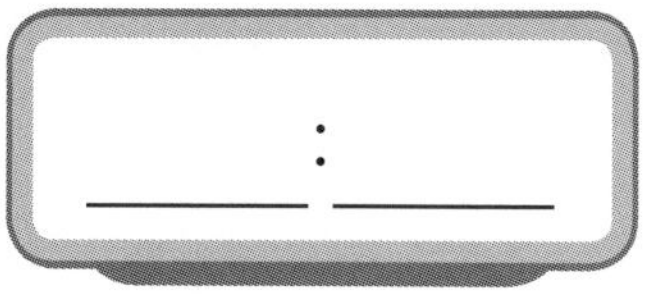

____

17

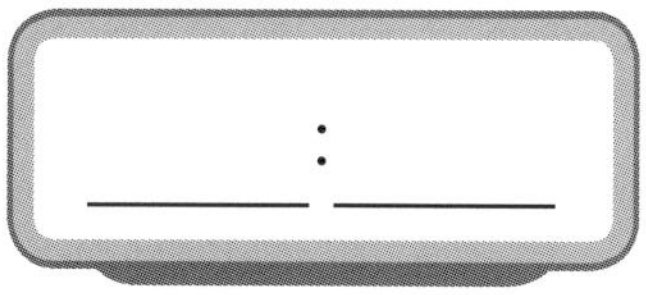

____

¿Qué hora es ahora?
Traza la manecilla que falta en cada reloj.

18 8 y media

19 12 y media

20 9:00

21 1:30

22 6:30

Nombre: ______________________ Fecha: __________

1 **Hábito para matemáticas 6** **Usar lenguaje matemático preciso**

Observa cada reloj.
Escribe sobre una actividad que haces en ese momento.
Usa "en punto" o "y media" en tu oración.

Lo que hago por la mañana...

____

____

Lo que hago por la tarde...

____

____

Lo que hago por la noche...

____

____

2 **Hábito para matemáticas 6** **Usar lenguaje matemático preciso**

Nombra la temporada que más te guste.
Escribe o dibuja para mostrar por qué.

3 **Hábito para matemáticas 6** **Usar lenguaje matemático preciso**

Nombra la hora del día que más te guste.
Escribe esta hora "en punto" o "media hora".
Escribe o dibuja para mostrar por qué.

1 **Hábito para matemáticas 2** **Usar el razonamiento matemático**

Peyton y su madre hornean unas magdalenas el domingo. Cada ilustración muestra la hora en que hacen una actividad. Numera las ilustraciones para mostrar el orden correcto.

____

____

____

1

2 **Hábito para matemáticas 8** **Hallar patrones**

Los hámsteres de Kayless mastican parte de su calendario.

Septiembre						
Dom.	**Lun.**	**Mar.**	**Mié.**	**Jue.**	**Vie.**	**Sáb.**
		1	2	3	4	5
6	7	8	9	10	11	
13	14	15	16			
20	21	22				
27	28					

Observa la parte del calendario que queda.
Completa cada espacio en blanco.

a ¿Cuál es la fecha del tercer jueves? ______________

b ¿Qué día de la semana es el 25 de septiembre? ______________

c ¿En qué día de la semana comienza el mes siguiente? ______________

d ¿En qué fecha de la semana comienza el mes siguiente? ______________

e ¿Cuántos miércoles hay en este mes? ______________